Guía de la sabiduría oculta de la Cabalá

Dr. Michael Laitman

Colección: En progreso
www.enprogreso.com

Título: Guía de la sabiduría oculta de la Cabalá
Título original: A Guide to the Hidden Wisdom of Kabbalah
Autor: Rav Michael Laitman, PhD
Derechos © 2008 por Michael Laitman
Traducción: Norma Livne, Elena García

© 2010 Ediciones Nowtilus S. L.
Doña Juana I de Castilla 44, 3° C, 28027 Madrid
www.nowtilus.com

Diseño y realización de cubiertas: Nicandwill
Diseño y realización de interiores: Amaya Lalanda

ISBN: 978-84-9967-021-8

Printed in Spain

ÍNDICE

Introducción

Durante siglos la Cabalá ha sido considerada un asunto «prohibido». Si observamos la lista parcial de requisitos previos a los que había que contestar afirmativamente para poder acceder a su estudio —ser judío, hombre, casado, de más de 40 años, y sobresaliente en el estudio de otras doctrinas judías— ¿cómo es posible que la Cabalá se enseñe y aprenda sin restricciones por todas partes? Sencillamente porque la prohibición se ha levantado.

Fueron el rabí Yehuda Ashlag y el gaón de Vilna (GRA), entre otros eminentes cabalistas, quienes afirmaron que el final del siglo XX supondría un punto de inflexión en la historia de la Cabalá. Desde ese momento, está dirigida a todos.

En este libro mostraremos que esas prohibiciones tuvieron una razón de ser. Pero precisamente por esa misma razón, fueron levantadas. Nosotros, la humanidad del siglo XXI, nos encontramos preparados para poder valorar la Cabalá como lo que realmente es: un método científico y empírico evaluado a lo largo del tiempo, que nos permite alcanzar la espiritualidad mientras vivimos en este mundo.

El estudio de la Cabalá es un viaje fascinante. Transforma nuestra perspectiva del mundo y de la gente que nos rodea, a la vez que nos hace descubrir partes de nosotros cuya existencia jamás imaginamos. Es un viaje de descubrimientos que suceden en nuestro interior y que afectan a todos los niveles de la vida: las relaciones con nuestros seres queridos, nuestras amistades, así como las relaciones en el ámbito laboral. La Cabalá nos explica de manera diáfana que si logramos establecer una conexión con el Creador, sin intermediarios, encontraremos nuestra brújula interior. Ese es precisamente el objetivo de la Cabalá: ayudar a establecer y mantener un contacto directo con el Creador. Una vez que lo conseguimos, no necesitamos ningún otro tipo de orientación. Por eso, damos la bienvenida al lector a esta *Guía de la sabiduría oculta de la Cabalá*.

En este libro

El libro está dividido en tres partes e incluye un apéndice de tres partes también. A nivel general, el lector podrá descubrir en él que la Cabalá se trata de una ciencia que describe las leyes del mundo espiritual. Ya en la primera parte, «Hechos y falacias sobre la Cabalá», hablaremos de los principios básicos de la Cabalá, así como de algunas nociones sobre sus comienzos.

Continuaremos nuestro viaje espiritual en la segunda parte, «Antes de que existiera el tiempo», que comienza con el ciclo de la realidad en la Cabalá, explicando cómo fuimos creados, qué hacemos aquí y cómo y en qué momento iniciamos nuestro ascenso al Mundo Superior. Asimismo, trataremos la creación del mundo, hablaremos de la explicación que nos brinda la Cabalá sobre los problemas que aquejan al mundo en la actualidad, así como de sus posibles soluciones.

En esta parte también abordaremos cómo se puede llegar a ser un estudiante de Cabalá y cómo poner en práctica los conocimientos de una manera provechosa en nuestro día a día. Explicaremos cómo saber si nos encontramos ante el maestro correcto, la forma de utilizar tanto los libros como internet en el estudio de la Cabalá e incluso hablaremos del papel de la música en nuestro desarrollo espiritual.

La Cabalá se encuentra directamente relacionada con el estado actual de nuestro mundo. En la tercera parte, «La Cabalá hoy», abordaremos la visión de la Cabalá sobre la crisis mundial y debatiremos las posibles soluciones. Finalmente, acabaremos con una pequeña pincelada sobre cómo la Cabalá afectará a nuestro futuro.

Asimismo, el lector encontrará un útil apéndice que enriquecerá su viaje, además de llevarle en la dirección correcta si su deseo es continuar aprendiendo. El apéndice contiene un glosario, una lista de recursos adicionales así como información acerca de nuestra organización.

Recuadros

Hemos incluido cinco tipos de recuadros a lo largo del texto para aprender y hacer más amena la lectura:

Pinceladas

¿Sabía el lector que muy pocos libros sobre Cabalá fueron escritos antes de 1980 y que la mayoría fueron escritos después del año 2000? Recomendamos su lectura si desea conocer interesantes apuntes sobre la Cabalá.

Chispas espirituales

Notas llenas de inspiración y poemas selectos de grandes cabalistas acerca del tema tratado en el capítulo en cuestión.

Desaciertos

Estos recuadros aclaran falsas creencias y nos orientan sobre todo aquello a evitar en nuestro estudio de la Cabalá.

Cabalateca

Definiciones de términos cabalísticos con los que el lector puede que no esté familiarizado.

Aciertos

Consejos útiles para poner en práctica los puntos abordados en el texto.

I
HECHOS Y FALACIAS SOBRE LA CABALÁ

La lista de celebridades que estudian Cabalá se toma como un parámetro para saber quién es quién en Hollywood. Pero la Cabalá es algo más que una moda pop. En esta sección, intentaremos explicar la popularidad de la Cabalá y daremos una visión general de lo que podemos encontrar cuando alguien desea conocer esta ciencia. Debatiremos qué es la Cabalá y qué no es, proporcionando algunas de las circunstancias que alumbraron sus inicios.

Después de leer estos capítulos, el lector comprenderá por qué la Cabalá está tan en boga. Aprenderemos que no se trata de una moda pasajera, sino de una ciencia empírica que explica el mundo de una manera que las ciencias tradicionales no pueden explicar.

Capítulo 1

Al aire libre

Lo esencial

La Cabalá sale de su ocultación.
Llega el cambio.
Por qué ahora y no antes.
La Cabalá y el espíritu del «todo vale».

El Libro del Zohar, el culmen de los libros cabalísticos, explica que la Cabalá experimentará un auge y gran aceptación hacia el final de los tiempos. Y con toda la popularidad que ha alcanzando la Cabalá en la actualidad, cualquiera diría que el final de los días ha llegado.

La Cabalá arroja luz y nos describe las leyes del mundo espiritual. No es una religión: es una ciencia espiritual que ha estado envuelta en un velo de misterio durante prácticamente 2.000 años.

En el punto de mira

Tradicionalmente, la Cabalá estuvo restringida a todos, excepto a unos pocos estudiantes serios y selectos. Ahora ya no es así. La Cabalá nunca fue tan atractiva, chic, moderna y vigente como lo es en la actualidad. Es más, los cabalistas, que tanto vacilaron en el pasado cuando se trataba de desvelar sus secretos, justamente ahora han desempeñado un papel clave para que todo este proceso de apertura tenga lugar.

De grupos pequeños a una revelación masiva

Pero la Cabalá no siempre fue tan popular, ni mucho menos los cabalistas fueron tan accesibles. Durante más de 2.000 años, la Cabalá se mantuvo en secreto evitando su exposición pública y optando por las habitaciones tenuemente iluminadas de los cabalistas, quienes, meticulosamente, seleccionaban a sus estudiantes y les impartían sus enseñanzas en pequeños grupos.

Pinceladas

Al buscar la palabra «Cabalá» en Amazon.com aparecen cinco mil libros, casi ninguno escrito antes de 1980. Muy pocos fueron escritos antes de 1990 y tan solo unos pocos más fueron publicados antes del cambio de siglo. La gran mayoría de libros sobre Cabalá fueron escritos después del año 2000. En los últimos años, la Cabalá realmente se ha expuesto de manera masiva.

Por ejemplo, en el siglo XVIII el Grupo Ramjal, compuesto por los estudiantes del rabí Moshé Jaim Luzzato, procuró que fuera particularmente difícil unirse a sus filas. Ser miembro de dicho grupo suponía aceptar un riguroso pacto sobre el estilo de vida y el estudio que se debía cumplir a lo largo de la jornada, de manera diaria, durante todo el tiempo que uno formara parte del grupo.

Otros grupos, como el Grupo de Kotzk (llamado así en honor a un pueblo de Polonia), solían vestir con ropa desgastada y trataban a los que no eran miembros con un ofensivo cinismo. Deliberadamente, se distanciaban de los demás simulando desobedecer las más sagradas costumbres judías, como el Día del Perdón (*Yom Kippur*, en hebreo).

Los miembros del grupo esparcían migas de pan sobre sus barbas para aparentar haber estado comiendo en ese día de ayuno. Por supuesto, muchos fueron rechazados.

Sin embargo, los mismos cabalistas que ocultaron esta sabiduría realizaron a la vez tremendos esfuerzos por redactar los libros que hoy en día siguen siendo los pilares de la Cabalá. El rabí Yitzjak Luria

(El Sagrado Ari) aceptaba un solo alumno a la vez y llegó a establecer que, a partir de su época, el estudio de *El Libro del Zohar* (o *El Zohar*, como normalmente se hace alusión a él) estaría permitido a todo aquel que así lo deseara.

Por eso, aunque a lo largo de su vida el Ari impartió sus enseñanzas a un grupo de estudiantes, en su lecho de muerte ordenó que todos abandonaran el estudio a excepción del rabí Jaim Vital. El Ari explicó que Vital era el único que comprendía las enseñanzas correctamente, y temía que, sin un maestro adecuado, el resto perdiera el rumbo.

Rompiendo el Muro de Acero

Chispas espirituales

Desde el principio de mis palabras, encuentro una gran necesidad de romper el muro de acero que nos ha separado de la sabiduría de la Cabalá desde la destrucción del Templo hasta esta generación. Esto pesa sobre nosotros y suscita un temor a que eso sea olvidado.

Rabí Yehuda Ashlag, *Introducción al estudio de las diez Sefirot*

No fue sino hasta la última década del siglo XX cuando la Cabalá comenzó su ascenso hasta llegar a un lugar destacado en la conciencia pública. Si hubiera que señalar la figura individual más significativa en la difusión mundial de la Cabalá sería, sin lugar a dudas, el rabí Yehuda Ashlag, más conocido como Baal HaSulam (Dueño de la Escalera) por su comentario *Sulam* (Escalera) sobre *El Libro del Zohar*. Él fue el primer cabalista no solo en pronunciarse a favor de la divulgación de la Cabalá, sino también en llevarla a cabo.

El 5 de junio de 1940 Baal HaSulam inició la publicación de una revista, *Ha-Uma* (La Nación). Trató incluso de convencer a David Ben-Gurión y a otros líderes de los poblados judíos en Palestina (el actual Israel) para que incorporaran los principios cabalísticos al sistema educativo. Baal HaSulam, asimismo, declaró que, en el futuro, personas pertenecientes a todo tipo de religiones estudiarían Cabalá, manteniendo sus creencias de base y sin producirse ningún conflicto entre ellas.

Tales afirmaciones y el propio acto de difusión de la Cabalá parecían tan poco ortodoxos e inaceptables en aquella época que el periódico *La Nación* fue cerrado por el Mandato Británico en Palestina después de tan solo una edición. A modo de justificación, el Mandato Británico declaró que tenía entendido que Ashlag estaba haciendo apología del comunismo.

Ahora necesitamos la Cabalá

La Cabalá tiene un solo propósito: ofrecer un enfoque que nos ayude a responder la pregunta: «¿Cuál es el sentido de la vida?».

Hoy más que nunca, las personas se cuestionan acerca del significado y el propósito de sus vidas. Con las necesidades materiales cubiertas —y en algunos casos, mucho más que cubiertas— el hombre todavía siente un vacío en su vida. La Cabalá es una disciplina que aporta conocimiento y nuevas perspectivas sobre la vida, algo que, a su vez, proporciona una plenitud espiritual. Esta es la clave de su popularidad.

En *El estudio de las diez Sefirot* —un amplio comentario sobre los escritos del gran Ari—, Baal HaSulam escribe que una persona está preparada para la Cabalá si algunas veces se pregunta…

- por el sentido de su vida.
- por qué existe y por qué existen todas las formas de vida.
- por qué la vida algunas veces puede ser tan difícil.

La sabiduría adecuada para su tiempo

Dentro del perfecto ciclo de la vida, cada parte tiene una función designada. Ningún componente de la creación es libre de hacer lo que le plazca, porque el bienestar de cada parte depende del bienestar de todas las otras partes de la creación. En el seno de la naturaleza, la ley de interdependencia garantiza que ningún ser pueda dominar a otros: destruir a otras criaturas entrañaría su propia aniquilación.

Los seres humanos no son una excepción a esta regla, aunque son muchos —si no la mayoría— los que no conceden ningún valor a esta idea, actuando de forma perjudicial para los demás y, por ende, también para sí mismos. Al intentar controlar nuestro medio ambiente o a los demás, creemos que podemos manipular y moldear el mundo a nuestro antojo. Sin embargo, un rápido vistazo a las noticias hará que nos paremos a reflexionar sobre los resultados: todo lo que ha logrado el hombre es infelicidad, tanto para él como para los demás. Aun así, como veremos en la tercera parte, nada ha sido creado sin una razón, ni siquiera la capacidad destructiva del ser humano.

En la actualidad, todo apunta a que dicha capacidad de destrucción está causando una gran infelicidad en las personas, además de plantear una seria amenaza para el medio ambiente. Por ello, el hecho de que la humanidad esté empezando a formularse ciertas preguntas sobre la vida no debería sorprendernos. La sabiduría de la Cabalá puede ayudarnos, si no a darles respuesta por completo, al menos a explorarlas con mayor profundidad.

A medida que un mayor número de personas comienza a darse cuenta de que más salud, más sexo, o más poder no les aporta la felicidad, dejan de preguntarse «¿cómo?», y empiezan a cuestionarse «¿para qué?». En tiempos como estos, cualquier doctrina que pueda ayudar a responder preguntas como «¿para qué?» es muy probable que tenga una gran aceptación.

Dado que la Cabalá se dedica a explorar las interrogantes acerca del significado de la vida, no es sorprendente que muchas personas la encuentren interesante. Esto, junto a la publicidad generada por las celebridades que la estudian, ha captado la atención de aquellos que, por todas partes, han buscado y buscan un camino espiritual.

La Cabalá con todo

En el espíritu del «todo vale» del mundo de hoy, vemos como unas cosas y otras se entremezclan: la ciencia con la religión, el *rock and roll* con Beethoven. Puede que el lector no lo sepa, pero ya podemos tomar hasta un helado de *sushi*. Siempre ha existido cierta tendencia a relacionar la Cabalá con una cantidad de doctrinas y enseñanzas mayor que el número de posibles ingredientes a colocar sobre una *pizza*.

Sin embargo, hay otra razón más seria para el súbito surgimiento de esta disciplina ancestral. La Cabalá siempre ha tenido la reputación de poseer una comprensión absoluta de las más elevadas fuerzas de la naturaleza, de los mundos espirituales, y de la naturaleza de Dios. Y por ende, la gente siempre ha querido vincular los términos cabalísticos a toda clase de enseñanzas.

El problema con estas vinculaciones es que minan el poder de la Cabalá para ayudarnos a comprender nuestras naturalezas, tanto la humana como la espiritual. Después de todo, alcanzar esa comprensión es lo que está detrás del interés que hoy en día suscita esta sabiduría y supone la primera razón por la que la Cabalá fue desarrollada.

Así que, para aclarar cualquier malentendido, echemos un vistazo a lo que no es la Cabalá. No es y no tiene nada que ver con: religión, magia, misticismo, adivinación, cultos, medicina holística, meditación, filosofía, teosofía, psicología o parapsicología, percepción extrasensorial, telepatía, interpretación de sueños, cartas del tarot, yoga, hilos rojos, agua bendita, bendiciones, regresiones a vidas pasadas, numerología, Reiki, canalización, astrología, viajes astrales o proyecciones, comunicación con los difuntos, experiencias extracorporales, vudú, masonería, reflexología, ovnis, creacionismo, sufismo o cualquier otro tipo de ismo.

La Cabalá ha existido desde hace miles de años, sin embargo, es ahora cuando está ocupando un lugar destacado en la opinión pública. Quienes la adoptan como la última novedad quizá se cansen y pasen a otra cosa. Pero aquellos que deciden adentrarse en sus principios, es muy probable que lo que encuentren sea más que suficiente para seguir avanzando a lo largo de toda una vida.

EN POCAS PALABRAS

- La Cabalá es un método que da respuesta a la pregunta más profunda de nuestra existencia: «¿Cuál es el significado de la vida?»
- La Cabalá ha sido erróneamente relacionada con distintos aspectos provenientes de enseñanzas espirituales.
- La Cabalá no es una moda pasajera, sino un método práctico, probado a través del tiempo, que nos ayuda a comprender la naturaleza humana y la naturaleza del Creador.

Capítulo 2

Algunos aspectos básicos

Lo ESENCIAL

La auténtica realidad.
La puerta al «sexto sentido» se abre.
Saber lo que queremos.
En el propio egoísmo radica el verdadero otorgamiento.

Ahora que hemos aclarado algunos de los mitos más extendidos sobre la Cabalá, vamos a explicar realmente de qué se trata. En este capítulo expondremos sucintamente cuáles son los conceptos básicos de la Cabalá. Los términos que aquí presentamos y planteamos van a determinar el lenguaje cabalístico que utilizaremos a lo largo del libro.

Este capítulo también explica cómo y por qué el estudio de la Cabalá no sólo es beneficioso a nivel personal, sino también para toda la sociedad en general.

La verdad acerca de la realidad

En hebreo, la palabra *Cabalá* significa «recepción». Pero la Cabalá no es simplemente eso, una recepción. Se trata de una disciplina de estudio, *un método que nos enseña a recibir.* La Cabalá nos ayuda a descubrir el lugar donde uno se encuentra realmente y a contrastarlo con el lugar donde uno piensa que está. Muestra los límites de nuestros cinco sentidos y nos da acceso a esa parte que no podemos revelar, ayudándonos a desarrollar un «sexto sentido».

Este no sólo aporta a la vida una nueva dimensión, sino que abre una puerta a «un mundo feliz», en el que no hay muerte, ni pena, ni dolor. Y lo mejor de todo es que, para ello, no tenemos que renunciar a nada; tampoco hay que morir para llegar allí; no hay que ayunar ni privarse de nada en absoluto. En pocas palabras, la Cabalá no te aparta de la vida cotidiana, sino que añade fuerza y un nuevo significado a todo lo que sucede. En efecto, los cabalistas viven la vida al máximo.

Cabalateca

En su ensayo *La esencia de la sabiduría de la Cabalá,* Baal HaSulam define la Cabalá de la siguiente manera: «Esta sabiduría no es más ni menos que una secuencia de raíces, que descienden a modo de causa y efecto de acuerdo a reglas determinadas, entrelazándose para una sola y elevada meta, descrita como la "revelación de Su bondad a Sus criaturas en este mundo"».

Para recibir, descubramos la fuerza del otorgamiento

Para entender el tipo de placer que recibe el cabalista, es esencial comprender un concepto básico en Cabalá: la única fuerza que existe en toda la realidad es la fuerza del otorgamiento. Y debido a que esta fuerza es entrega absoluta, da origen a «algo» que puede recibir lo que ella otorga. En Cabalá, la fuerza que entrega se llama «Creador» y a lo creado se le denomina «creación», «criatura» o «ser creado». El ser creado se refiere a nosotros, a la humanidad como un todo pero también a cada uno de nosotros como seres individuales.

Esta criatura atraviesa un proceso de aprendizaje y desarrollo, al final del cual descubre la absoluta grandeza y belleza de su Creador. Baal HaSulam explica que esta revelación del Creador a la criatura es la esencia y el propósito de toda la creación.

La realidad como un bordado

Hablemos ahora un poco más sobre la revelación del Creador. Cuando Baal HaSulam describe el propósito de la Cabalá como «la revelación de Su bondad a Sus criaturas en este mundo», quiere decir que la esencia de la Cabalá («recepción») es descubrir al Creador, el mayor de los placeres.

Pero podemos ir más allá: la Cabalá explica que descubrir al Creador significa descubrir la ley que gobierna la naturaleza. De hecho, el Creador *es* la naturaleza. Al revelar esta ley, la Cabalá pretende mostrarnos la realidad en su totalidad, en todos sus matices, revelando por qué nos pasan las cosas y cómo podemos no sólo prevenirlas, sino también transformarlas de modo que nos sean favorables.

Además, al lograr comprender todos los aspectos de la naturaleza, podemos llegar mucho más allá de la vida física actual, mucho más allá de los límites de los cinco sentidos, como si alguien nos hubiera levantado una venda sobre los ojos, permitiéndonos ver la verdadera extensión del mundo y su belleza.

¿Cómo funciona y qué es lo que percibimos? La realidad es como un bordado. Al contemplarlo, lo que nos llega es una imagen coherente. Pero si observamos su reverso, encontraremos un caos de hebras y estambres que no hay manera de determinar dónde empiezan o dónde acaban, ni a qué parte de la imagen pertenecen. La Cabalá nos ayuda a entender esos hilos detrás del cuadro de la realidad, nos enseña a convertirnos en los artífices del bordado para poder componer la imagen más satisfactoria.

El sentido latente

Recepción, según la Cabalá, es la percepción del Mundo Espiritual. Un mundo invisible para los cinco sentidos pero que, ciertamente, podemos experimentar. Si todo lo que percibimos depende de nuestros sentidos, es razonable pensar que todo lo que necesitamos para sentir el mundo espiritual es un sentido especial que nos permita captarlo. En otras palabras, no necesitamos buscar nada fuera de nosotros, sino que se trata de cultivar una percepción que ya existe, de manera latente, en nuestro interior. En la Cabalá esta percepción es denominada «el sexto sentido».

En realidad, el apelativo de «sexto sentido» puede que sea un tanto engañoso, ya que este no es un «sentido» en el significado fisiológico de la palabra. Pero, puesto que nos permite percibir algo que de otro modo no podríamos captar, los cabalistas han decidido llamar «sexto sentido» a este particular medio de percepción.

Aquí radica el quid de toda la cuestión: los cinco sentidos están «programados» para servir a nuestros intereses personales. Y por esta razón, todo lo que percibimos es aquello que parece ser útil para nuestros intereses más importantes. Si nuestros sentidos estuvieran, de alguna manera, programados para servir al interés del mundo entero, entonces eso es lo que percibiríamos: cada uno de nosotros sería capaz de captar lo que cualquier otra persona, animal, planta o mineral en el universo percibe. Llegaríamos a ser criaturas de percepción ilimitada, omniscientes, literalmente como el Creador.

Cabalateca

En hebreo, el nombre *Adam* (Adán) deriva de la palabra *Domé,* como en *Domé la Elyón* (similar al Superior), como queda recogido en el versículo: «Yo seré como el Más Alto» (Isaías 14,14).

En tal estado ilimitado, los cinco sentidos serían utilizados de una manera muy diferente. En vez de centrarse en intereses personales, harían las veces de medios de comunicación con los demás. Y esta es la razón por la cual el sexto sentido, que nos capacita para percibir los mundos espirituales, no es un sentido en la acepción usual de la palabra: hace referencia a la *intención* con la que utilizamos nuestros sentidos. La intención es un concepto fundamental en la Cabalá, que exploraremos con mayor profundidad en el capítulo 4.

Aciertos

Básicamente, la intención es la «meta» por la que actuamos. Si queremos obtener algún tipo de beneficio, entonces lo único que podremos percibir es a nosotros mismos y lo que hayamos creado. Pero si a quien deseamos beneficiar es al Creador, entonces lo que veremos será el mundo del Creador y todo lo que Él ha creado.

El Creador debe otorgar, nosotros debemos recibir

La Cabalá, una vez que llegamos a familiarizarnos con ella, es algo muy sencillo en realidad. Muestra que el Creador es benevolente y que desea darnos placer, eterno e infinito. Y a consecuencia de esa benevolencia del Creador, fuimos creados con un deseo eterno e infinito de recibir el placer que Él desea entregarnos. En Cabalá, a esto se le llama «el deseo de recibir deleite y placer» o, sencillamente, «el deseo de recibir».

En su *Introducción al Libro del Zohar,* Baal HaSulam explica la necesidad del Creador de crear el deseo de recibir (las criaturas):

Debido a que el Pensamiento de la Creación fue otorgar a Sus criaturas, Él tuvo que crear en las almas una gran medida de deseo para recibir aquello que Él había pensado darles.

…Así, el propio Pensamiento de la Creación dicta, necesariamente, la creación de un excesivo deseo de recibir en las almas, para ajustarse al inmenso placer que El Todopoderoso pensó otorgar a las almas.

Dicho de otro modo, tenemos la capacidad, el potencial e incluso el deseo inconsciente de conectarnos con el Creador y hacer de nuestra vida algo más enriquecedor al recibir sus placeres.

Egoísta hasta la médula

Pero en la práctica, hay consecuencias ante semejante deseo de recibir. El propio Baal HaSulam describe la complejidad de la condición humana en su ensayo *Paz en el mundo*:

> *...cada individuo se siente a sí mismo en el mundo del Creador como único gobernante, que todos los demás fueron creados únicamente para facilitar y mejorar su vida, sin que él sienta obligación alguna de dar algo a cambio.*

Para decirlo de manera más llana: somos egoístas hasta la médula. Sin embargo, una vez que queda corregido, ese egoísmo extremo pasa a ser el nivel más elevado de altruismo y benevolencia.

El deseo más egoísta: ser altruista

No obstante, el hecho de nacer egoístas no significa que tengamos que serlo para siempre. Recordemos que el Creador es benevolente: en su mente sólo existe otorgamiento y, por consiguiente, Él creó criaturas que solamente desean recibir. Estas criaturas empiezan a recibir lo que Él les da, más y más y más. Sempiternamente.

Chispas espirituales

Hay un remedio maravilloso y de un valor incalculable para aquellos que se involucran en la sabiduría de la Cabalá... Ellos despiertan sobre sí mismos las Luces que rodean sus almas... La iluminación, recibida una y otra vez durante el estudio, atrae sobre uno la gracia desde Arriba, concediendo abundancia de santidad y pureza, llevándolo a uno más cerca de la perfección.

Baal HaSulam, *Introducción al estudio de las diez Sefirot*

A medida que el deseo de recibir va evolucionando en las criaturas, tiene lugar una transformación casi mágica. No sólo desean aquello que el Creador les otorga, sino que ellas también desean *ser* Creadores de facto. Pensemos, por ejemplo, que cada niño quiere llegar a ser como sus padres. Y recordemos que la base del aprendizaje es el deseo de crecer que tiene el pequeño. Los cabalistas afirman que el deseo del niño por ser un adulto tiene origen en el deseo de la criatura por ser como su Creador.

Si los progenitores son el modelo a seguir, uno observará sus acciones y hará todo lo posible por imitarlos para convertirse en un adulto también. De manera análoga, si el Creador es el punto de referencia, observaremos al Creador con el fin de llegar a ser como Él. Y si el Creador al que observamos es todo otorgamiento, benevolencia, comprobaremos que ese egoísmo extremo de querer llegar a ser «como el Creador» puede ser transformado en altruismo (algo que trataremos en mayor profundidad más adelante), porque *exactamente eso* es Él. En Cabalá, la habilidad de ser como el Creador se denomina «alcanzar el atributo del otorgamiento».

Aciertos

Otra manera de ver esta idea del altruismo es tener en cuenta que la Cabalá nos recuerda que no estamos separados del mundo, sino que somos parte de él. El altruismo consiste en ser uno con los demás, unirse con ellos. Desde esta perspectiva, el altruismo es una manera inteligente de velar también por nuestro propio bienestar.

Y, aunque pueda sonar como una gran contradicción, podemos sacar en conclusión que el deseo *más egoísta* en una persona es llegar a ser como el Creador: un altruista total.

EN POCAS PALABRAS

- La Cabalá proporciona un método con el que aprender a recibir.
- El deseo primordial del Creador es dar placer, por lo que infunde en Sus creaciones un deseo de recibir placer.
- El «sexto sentido» nos permite percibir mundos espirituales superiores. El propósito de la Cabalá es la revelación del Creador mientras vivimos aquí, en este mundo.
- Los mayores egoístas quieren ser como el Creador: altruistas.

Capítulo 3

Comprobando la realidad

LO ESENCIAL

La realidad no es lo que está a la vista.
Los límites de nuestra percepción subjetiva.
Somos el resultado de cuatro factores (capas) y podemos
cambiar uno para cambiar todos los demás.
El libre albedrío, en realidad, no es libre, salvo en
la elección del ambiente.

Ahora que tenemos unas nociones básicas de cómo fue desarrollándose la Cabalá y en qué consiste, llega el momento de ahondar en lo que la Cabalá puede hacer por ti. Este capítulo amplía los conceptos presentados en el capítulo 2, con el propósito de mostrar la forma en que los cabalistas entienden al Creador y qué es lo que Él desea para nosotros.

Este capítulo también explora de manera más exhaustiva la naturaleza de la realidad, así como lo que percibimos de ella y lo que se nos escapa. Aprenderemos más sobre el poder del libre albedrío y cómo centrarnos en aquello que nos ayuda a mejorar nuestra vida.

¿Es esto todo lo que hay?

Si el lector mira a su alrededor, ¿qué ve? ¿Qué oye? ¿Alguna vez se ha parado a pensar si hay algo ahí fuera que los cinco sentidos no pueden detectar? ¿Quizá, en el espacio que no podemos percibir, existen otros mundos y criaturas, mundos transparentes e irreconocibles desde nuestro punto de vista?

Para los cabalistas, vivimos en la oscuridad, incapaces de ver una realidad más amplia que no deja de existir. Y dado que no conocemos nada mejor, tomamos esta visión del mundo como la única realidad posible, pero podemos pensar en la Cabalá como una manera de iluminar la realidad *en su totalidad* para que nos sea más fácil captarla. Una vez que esto sucede y lo interiorizamos, nuestras percepciones de la realidad cambian. Ya no podemos actuar como cuando estábamos en la oscuridad, y esto es algo que va a resultar beneficioso tanto para nosotros como para los demás.

Más allá de los cinco sentidos

¿Alguna vez ha pensado el lector que su mano se siente extraña porque tiene sólo cinco dedos? Probablemente, no. Pese a que podríamos incrementar el alcance de aquello que perciben nuestros cinco sentidos, realmente ni siquiera llegamos a imaginar cuáles son las percepciones de las que carecemos. Es imposible reconocer la auténtica realidad porque no lo sentimos como algo que nos haga falta, del mismo modo que no sentimos la necesidad de un sexto dedo.

Dado que la imaginación es el producto de nuestros cinco sentidos, nos es imposible visualizar un objeto o una criatura con el que no estemos ya familiarizados de alguna manera. Pensemos en el ilustrador de libros infantiles más creativo o el artista más abstracto que podamos imaginar. ¿Acaso sus diseños se parecen en algo a lo que existe en el mundo físico? Aun pensando en la cosa más extravagante, siempre será algo, de algún modo, ya conocido o que pueda ser formado a partir de las experiencias de la realidad cotidiana.

Chispas espirituales

Nuestros cinco sentidos y nuestra imaginación no nos ofrecen nada más allá de la revelación de las acciones de la Esencia, pero no la Esencia en sí. Por ejemplo, el sentido de la vista nos ofrece únicamente sombras de la Esencia visible, de acuerdo a cómo están constituidas de manera opuesta a la Luz.

Rabí Yehuda Ashlag, Prefacio al *Libro del Zohar*

El ir más allá de los cinco sentidos no tiene lugar literalmente. Es, más bien, una forma de describir un nivel superior de percepción en el que entendemos la interconexión de todo, así como nuestro lugar en esta realidad interconectada.

Es muy probable que recibamos muchas sensaciones de objetos externos, sin embargo, dado que nuestros sentidos no poseen las mismas cualidades que las de esos objetos, no podemos percibirlas. Nosotros captamos únicamente la parte del objeto que resuena en función de las cualidades que ya tenemos. Para lograr la percepción completa de algo, primero tenemos que estar completos en nuestro interior. En otras palabras, debemos ser conscientes de todas las formas de realidad que existen en nosotros, y entonces nuestra imagen de la realidad será completa.

Entonces, ¿cómo podemos alcanzar ese sexto sentido que potencia nuestra percepción más allá de la realidad convencional? Lo cierto es que se encuentra en cada uno de nosotros, pero está oculto. ¿Recuerda el lector la intención de la que hablamos en el capítulo previo? Es con ella con lo que logramos activar este sentido latente.

Gracias a la persistencia y el estudio, comenzamos a adquirir la percepción del mundo del Creador, el mundo del otorgamiento. En Cabalá, ese mundo es denominado «el Mundo Superior». Al estudiar y desarrollar el sexto sentido, poco a poco empezamos a sentir y a entender el Mundo Superior.

Chispas espirituales

Por lo tanto, debes comprender y percibir que todos los nombres y apelativos, así como todos los mundos, Superior e Inferior, son una sola Luz Simple, Única y Unificada. En el Creador, la Luz que se expande, el Pensamiento, la Operación, el Operador, y cualquier cosa que el corazón pueda pensar y contemplar son uno y son lo mismo.

Rabí Yehuda Ashlag, *El estudio de las diez Sefirot*

A través de la barrera

Nuestra percepción del Mundo Superior variará dependiendo de nuestro estado espiritual. Al principio, no contamos con la capacidad de percibir el Mundo Superior porque nuestras cualidades son opuestas a las del Creador. En tal estado, sólo podemos percibir el mundo material en el que actualmente vivimos, y todo lo que imaginemos acerca del mundo espiritual es estrictamente el producto de nuestra imaginación.

Pero, en el momento en que adquirimos la primera de las cualidades espirituales, el primer atisbo de altruismo, también adquirimos la habilidad de ver lo espiritual como realmente es. Los cabalistas dan un nombre a esto: «cruzar la barrera». Una vez que cruzamos la barrera podemos avanzar incluso sin la ayuda de un maestro porque, en ese estado, nos encontramos bajo la guía consciente del Creador. Sin embargo, en la mayoría de los casos, los cabalistas continúan estudiando con un maestro incluso después de haber cruzado la barrera, aunque la relación con su mentor cambia radicalmente: el maestro ya no necesita llevar de la mano a una persona ciega, sino que los dos caminan juntos sobre un delicioso sendero de descubrimientos.

En el otro lado de la barrera, uno aprende de su propia alma, a través de la observación de esta y de su relación con el Creador. Para comprender dicho mecanismo de aprendizaje podemos pensar en el proceso de audición. El sistema auditivo reacciona ante una presión ejercida desde el exterior, operando del mismo modo en que lo hace esa presión, pero en dirección opuesta, presionando desde dentro. Así es como mantiene un equilibrio, permitiéndonos medir, en este caso, el volumen y el tono de un sonido. Pero aquí radica la dificultad: para que este tipo de percepción tenga lugar, debe haber algún elemento unificador entre el perceptor y el objeto de la percepción. En el caso de nuestro sentido auditivo ese elemento es el tímpano.

Sin embargo, ¿cuál es la fuerza unificadora que puede conectar nuestra percepción con el Creador? ¿Quizá lo que necesitamos es un «tímpano espiritual» que tenga la misma cualidad que la que emite el Creador? Bien, tal «tímpano» existe: es la intención de la que hablamos en el capítulo 2. Todo aquello que hagamos con una intención de dar es considerado «dar» en la espiritualidad. La cuestión es ver en qué momento nuestra intención es recibir y transformarla entonces en una intención de dar. Seguiremos hablando acerca de este proceso en el capítulo 12: Estudiando Cabalá.

La única realidad está en el interior

Nuestra comprensión de todo aquello que sentimos está basada en los genes que heredamos, en nuestras experiencias, en nuestra adaptación al medio social y en lo que hemos aprendido. Es algo totalmente subjetivo. Al margen de lo que nuestros sentidos capten, lo que al final desciframos de esa información y, en consecuencia, cómo actuamos, se vuelve una cuestión muy subjetiva.

Por ejemplo, si fuéramos sordos, ¿dejaría de haber sonidos a nuestro alrededor? ¿Dejaría de sonar la música o el estruendo de los aviones sobre nuestras cabezas? ¿Dejarían los pájaros de cantar por el hecho de no ser capaces de oírlos? En nuestra percepción, lo harían. No hay manera de explicar a una persona sorda el canto del ruiseñor. Es más, no hay dos personas que tengan la misma experiencia al escuchar un mismo sonido.

Todo lo que creemos que existe fuera de nosotros en realidad son experiencias que sentimos en nuestro interior. No tenemos manera de comprobar cómo son realmente. Por tanto, al hablar de la realidad, de lo que realmente estamos hablando es de aquello que consideramos como objetivo y que filtramos a través de la lente de nuestra percepción.

En busca de la libertad

Vamos a abrir esta sección con una alegoría de Baal HaSulam: «Hubo una vez un rey que quería saber cuál de sus súbditos era digno de confianza. Anunció que cualquiera que fuera y trabajara para él sería recompensado, de manera espléndida, con un banquete festivo propio de reyes.

Cuando la gente llegó, no había nadie en la puerta, sólo una inscripción indicando adónde ir y qué hacer, pero ni un solo guardia vigilaba. Los que trabajaban en el área designada habían quedado expuestos, sin darse cuenta, a un polvo mágico, pero no así los que decidieron ir hacia el otro lado. Al caer la noche, cuando todos se sentaron a la mesa, los que habían trabajado donde indicaba la inscripción, disfrutaron del banquete al máximo; sin embargo, para los otros, la comida era la peor que habían probado en su vida. Así, sólo quienes escogieron seguir al rey libremente fueron recompensados con el placer de lo que el rey disfrutaba».

Siempre se ha dicho que una persona es verdaderamente feliz cuando es realmente libre: libre de esclavitud, libre de opresión y libre para tomar sus propias decisiones. Asimismo, durante largo tiempo, el hombre se ha preguntado cómo encajar el concepto de libre albedrío con la existencia de un poder superior, en el caso de los cabalistas, con el Creador.

El único deseo del Creador es que seamos felices, que estemos satisfechos. Ese estado únicamente puede darse cuando alcancemos Su estado, Su nivel. Es decir, sólo cuando nuestro deseo de disfrutar se iguale al deseo del Creador de dar placer. Puede sonar como un razonamiento circular y, de hecho, lo es: esa correspondencia mutua es lo que siempre nos acerca a la perfección y al deseo que el Creador siente por nosotros. Entonces, ¿cómo conciliamos esta idea del libre albedrío con aquello que el Creador desea para nosotros?

Esta es la lógica del cabalista, paso a paso:

1. El Creador es absolutamente benevolente.
2. Como consecuencia, Él desea concedernos el placer absoluto.
3. Placer absoluto significa estar en Su estado: omnisciente, omnipotente y benevolente.
4. Por lo tanto, debemos llegar a sentir que Su estado es el de la bondad absoluta. En otras palabras, debemos *escoger* esto, mediante nuestro libre albedrío.
5. El libre albedrío sólo puede ejercerse con la condición de que el Creador no nos imponga nada, para que podamos actuar de manera independiente con respecto a Él.
6. Por eso, Él se oculta de nosotros y nos ha dado la existencia en este mundo, donde no podemos sentir al Creador de la misma forma vívida y tangible que percibimos los objetos físicos.
7. Dado que no sentimos al Creador, ni como temible, ni como bondadoso, sino que partimos de un estado completamente «neutral», podemos decidir libremente que el bien absoluto es llegar a ser como Él.

Falsa libertad

La Cabalá nos enseña que, aunque el Creador desea entablar una relación con Su creación, Él se ha ocultado de nosotros para dar la impresión de libre albedrío. En tales circunstancias, parece que fuéramos capaces de actuar, pensar y elegir de forma totalmente independiente de la presencia del Creador. Nuestras decisiones parecen haber sido tomadas por voluntad propia y con libre albedrío: no detectamos una mano oculta que guía nuestras acciones, así es que, hasta donde alcanzamos a ver, nuestras decisiones son efectivamente libres.

Pensemos en ello de la siguiente manera: el Creador tiene toda nuestra vida planeada, incluso lo que almorzaremos hoy. Entonces, si el Creador tiene todas nuestras decisiones y movimientos planeados de antemano ¿es el libre albedrío realmente libre? La respuesta es que nuestras elecciones son libres si las contemplamos desde nuestra perspectiva. El hecho de que el Creador conozca cuáles van a ser nuestras decisiones será irrelevante para nosotros, mientras no sepamos qué es lo que vamos a decidir.

El principio del placer y del dolor

Tal y como acabamos de explicar, el único deseo del Creador es que alcancemos la felicidad absoluta, y reconocer esta verdad es un paso fundamental en nuestro camino hacia la perfección. No es ningún secreto que todos nosotros deseamos placer y, a menudo, la distancia a recorrer no supone ningún problema con tal de alcanzar dicho placer.

Sin embargo, si el objetivo del Creador era que buscáramos y experimentáramos placer infinito, ¿cómo encaja el dolor en esta ecuación? El hombre no emprende ninguna acción, a menos que tenga la certeza de que le hará sentir bien o, cuando menos, algo mejor de lo que ya está. Cada una de nuestras acciones es el resultado de un cálculo para que nuestra felicidad aumente. Por ello, a menudo, nos exponemos deliberadamente a complicadas situaciones con el ánimo de obtener una mayor recompensa.

Determinadas circunstancias dolorosas nos hacen volver a evaluar lo que consideramos como fuente de nuestra felicidad, dando prioridad a aquello que concedemos más importancia. Digamos que alguien tiene un valioso reloj, cuya posesión le da un gran placer por la prosperidad que representa, el estatus que revela, etc. Pero si un día un ladrón apunta un arma sobre su pecho y le exige que se lo entregue… La mayoría de la gente en su sano juicio preferiría un acto doloroso (en este caso, renunciar a un artículo preciado) a fin de evitar un acto aún más doloroso (algún tipo de lesión o algo peor).

Chispas espirituales

Las criaturas vivientes no tienen libertad... para optar por el dolor o rechazar el placer. Y la ventaja del hombre con respecto a los animales es que puede aspirar a una meta lejana y aceptar cierta cantidad de dolor en el presente, una vez que ha optado por un beneficio o placer en el futuro que sería alcanzado después de cierto tiempo.

... Y así, sucede que algunas veces estamos atormentados pues consideramos que no hay ninguna ganancia en el placer alcanzado... al contrastarlo con la agonía que nos ha supuesto. Y, por tanto, estamos en déficit cual mercaderes.

Baal HaSulam, *La libertad*

Pensemos en ello como en una especie de sistema de medición del placer. El ser humano puede llegar a la conclusión de que cualquier incomodidad en la actualidad merece la pena si conlleva un placer futuro. En otras palabras: un placer futuro justifica un dolor en el presente.

Cuatro factores (capas) de nuestra estructura

La Cabalá establece que son cuatro los factores que determinan el estado de una persona en cada momento de su vida:

1. **La fuente.** Este es el punto de partida, el acervo genético espiritual. Pero no se trata de un lienzo en blanco, sino más bien de una pared que ha sido pintada y repintada varias veces. Esas capas previas de pintura se encuentran ahí, bajo la superficie. Quizá no puedan percibirse a simple vista, pero son parte de la composición de esa pared, y suponen siempre el punto de partida para la siguiente capa de transformación, del mismo modo que una mano de pintura en la pared constituye siempre la base para la siguiente capa.

2. **Vías de desarrollo invariables que nacen de nuestra propia naturaleza.** Este factor trata la manera en que evolucionamos, como resultado de nuestros genes. Estos caminos pueden hacer referencia a aspectos tales como nuestros gustos, habilidades u otros rasgos hereditarios.

3. **Vías de desarrollo que varían bajo la influencia de factores externos.** Nuestra actitud hacia el ambiente externo. Supongamos que somos objeto de un informe negativo en el trabajo por parte de nuestro jefe. Puede que nos disgustemos, que nos enfademos, sintiendo que esa información que nos hace llegar es injusta. O puede que decidamos que nuestro jefe tiene la mejor de las intenciones y que simplemente nos explicó qué debemos hacer para lograr el éxito. En cualquier caso, este evento externo que supone la crítica por parte de nuestro jefe nos cambiará y afectará inevitablemente.

4. **Vías de desarrollo de los propios factores externos.** El cuarto factor es el ambiente externo y su continua evolución. Siguiendo con el ejemplo anterior, si decidimos cambiar de jefe o de trabajo, esto nos expondría a un nuevo orden de influencias: pero se trataría de influencias bajo las cuales hemos *escogido* estar.

Como muestran los cuatro factores, la confluencia del origen de una persona con la naturaleza interna, junto con las fuerzas externas variables e invariables, son los aspectos que van a confeccionar nuestro carácter. Sin embargo, de todos estos factores, el único que podemos modificar es el cuarto, el ambiente o entorno. No obstante, puesto que unos ejercen influencia sobre otros, al cambiar nuestro entorno, en última instancia también estamos moldeando todos los demás elementos en nuestro interior.

Aciertos

¿Por qué nuestra actitud, sea la que sea, modifica el ambiente? La respuesta es que no estamos separados de él, sino que somos una parte integral de dicho ambiente. Por ello, una pregunta fundamental a tener en cuenta debería ser: «¿qué actitud debo adoptar de manera que pueda mejorar mi ambiente?».

EN POCAS PALABRAS

- Lo que percibimos como nuestro mundo es una imagen subjetiva de lo que el Creador realmente nos ha dado.

- El Creador sólo desea dar y, a medida que recibimos, sentimos deseo de ser como el Creador, de retribuirle a Él.

- Cuatro factores determinan nuestro estado en todo momento: la fuente, las vías de desarrollo no variables que provienen de nuestra propia naturaleza, las vías de desarrollo variables bajo la influencia de factores externos, y las vías de desarrollo de los factores externos en sí.

- Si deseamos transformar nuestros deseos y el curso de nuestra vida, debemos tomar el control del ambiente en el que vivimos.

Capítulo 4

La historia de los deseos

Lo esencial

Cinco niveles de deseos.
El reconocimiento del mal como
condición para descubrir al Creador.
El «punto en el corazón».
La intención es la fuerza decisiva en la vida.

La historia de la humanidad se ha desarrollado de manera paralela a la historia de los deseos del hombre y a cómo estos han ido evolucionando. La búsqueda de distintas fórmulas con las que satisfacer nuestros deseos determina la dirección y velocidad con que evoluciona una civilización, y define la forma en que mide su progreso.

Este capítulo explora el desarrollo de los deseos humanos, desde las necesidades básicas hasta el nivel más elevado: la necesidad de espiritualidad. Y sólo después de sentir esta carencia, este nivel más elevado, podemos empezar a estudiar seriamente Cabalá: la puerta de acceso a la comprensión del papel del Creador y al nuestro propio en el mundo.

Cinco niveles de deseos

La relación de hazañas realizadas por la humanidad va mano a mano y de manera paralela a la relación de deseos que ha experimentado.

La invención de la rueda fue propiciada por el deseo humano de transportar una mayor cantidad de bienes a mayor velocidad. Mientras que el deseo humano por gobernar y conquistar fue la fuerza motora detrás de la invención de los cañones en la Edad Media.

A medida que los deseos colectivos crecen, las civilizaciones avanzan. La Cabalá divide el conjunto de deseos humanos en cinco niveles:

Nivel 5
El deseo
de
espiritualidad

Nivel 4
La sed de conocimiento

Nivel 3
El anhelo de fama y poder

Nivel 2
La búsqueda de riquezas

Nivel 1
Cubrir los deseos naturales básicos
como alimento, un hogar o sexo

Sin embargo, una vez que un determinado anhelo inmediato queda satisfecho, aparece un sentimiento de «vacío». Y cuanto más se repite este proceso, más se cuestiona la persona cuál es la utilidad de este proceso de vacío-llenado-vacío. Una vez que dejamos de encontrar satisfacción a nuestros deseos en un determinado nivel, tratamos de hacer lo mismo en el siguiente. Y cuando los deseos en los primeros cuatro niveles se han revelado incapaces de proporcionar satisfacción duradera, nos empezamos a preguntar: ¿hay algo más en la vida que no sea perseguir bienes materiales y estatus social? Cuando algo así sucede, empieza nuestro deseo por la espiritualidad. En Cabalá tal estado recibe el nombre de «la aparición del punto en el corazón». Y de ello seguiremos hablando a continuación en este capítulo.

El reconocimiento del mal y la revelación del bien

En el capítulo previo, hemos hablado del reconocimiento del mal o, en otras palabras, del reconocimiento de nuestro egoísmo, que nos hace actuar exclusivamente buscando nuestro propio beneficio. Dijimos que si consideramos nuestro estado como totalmente nocivo y Su estado como algo absolutamente deseable, cruzaremos la barrera y entraremos en el mundo espiritual. La cuestión es averiguar cuál es el camino más rápido y menos doloroso para reconocer nuestro mal. Y aquí es donde la Cabalá entra en acción. La ventaja de la Cabalá es que nos muestra la naturaleza humana sin tener que experimentar el mal de manera física. Esa es la razón por la que los cabalistas afirman que no hay necesidad de sufrir: en lugar de ello, podemos estudiar.

En ese sentido, los humanos ultimamos la creación del Creador, es decir, la *corregimos*. El ser humano tiene la capacidad de llegar a ser como el Creador y, por eso, una vez corregidos, Él nos transfiere el liderazgo de la creación. De ahí que el mal nos revele un aspecto positivo cuando el egoísmo se convierte en una fuerza motora que nos conduce al Creador. De otro modo, el mal siempre constituye algo nocivo, y genera más maldad, tal y como demuestran tantos actos egoístas a lo largo de la historia.

Cabalateca

En Cabalá, «corregir» hace referencia a la corrección espiritual. Nadie podrá decirnos que lo que somos o lo que hacemos es correcto o incorrecto. Pero si hemos usado un deseo con el ánimo de llegar a ser «más parecidos al Creador», entonces habremos actuado correctamente. Para los cabalistas, «corrección» significa transformar la intención con la que utilizamos nuestros deseos, haciendo que dicha intención varíe de «para mí» a «para el Creador».

El Creador está aumentando la presión para que asumamos el control sobre nosotros mismos. Esta es la razón por la que el mundo parece haberse vuelto un lugar cada vez más hostil. Y lo ha hecho de ese modo, para que emprendamos nuestra corrección y la de nuestro mundo. Si no nos hubiera enviado esta presión, aún estaríamos tumbados junto a un árbol intentando broncearnos un poco más. Y aunque eso pueda sonar muy apetecible, de ningún modo va a ayudarnos a llegar a parecernos al Creador. Y esto, ni más ni menos, constituye la razón fundamental por la que Él nos creó.

En el momento en que somos conscientes de que el Creador quiere que tomemos parte en nuestra propia creación, todos nuestros cálculos dejan de ser pasivos y pasan a convertirse en herramientas para experimentar al Creador, y establecer un contacto con Él. Toda cualidad negativa o perniciosa se transforma en un medio para alcanzar un fin.

En Cabalá, la única manera de establecer contacto con el Creador es dándonos cuenta de lo negativo de nuestros atributos. Dicho de otra manera, el reconocimiento del mal es el principio de la revelación del bien.

Esta explicación del objetivo del Creador deja una cuestión por resolver: si, tal como nos dicen los cabalistas, Él quiere darnos placer, ¿qué hay de malo en descansar bajo ese árbol si disfrutamos con ello? Bien, no hay nada de malo en ello, si es lo que realmente uno desea. Pero si existe una pregunta que nos da vueltas en la cabeza todo el tiempo mientras estamos tumbados en esa playa, que no nos deja tranquilos, ni nos permite disfrutar del baño de sol, entonces posiblemente necesitemos algo más y quizá ese algo sea la Cabalá. Baal Ha-Sulam lo explica: «La Cabalá es para aquellos que se preguntan (incluso de manera inconsciente) ¿cuál es el sentido de mi vida?».

Sintiéndonos bien y, después, mejor

Detrás de todos nuestros deseos existe una búsqueda de satisfacción. La Cabalá explica que la vida está basada en un único deseo: sentirnos bien, independientemente de si esa buena sensación llega gracias a un empleo mejor, un coche nuevo, una pareja o hijos exitosos.

Una vez que comenzamos a sentir la espiritualidad, nuestra escala de deseos cambia. Es muy probable que unos deseos se vuelvan más importantes que otros. Empieza una valoración de la vida no de acuerdo a lo que vemos y sabemos sobre este mundo, aquello que nuestro cuerpo físico percibe ahora, sino de acuerdo a una escala mucho más amplia. Comenzamos a ver aquello que resulta favorable y lo que no —tanto para nosotros, como para las generaciones venideras— y por ende, cambia la forma en que valoramos nuestro entorno.

Cuando empezamos a ser conscientes de que somos parte de una sola alma, y de que toda la humanidad también forma parte de ella, también empezamos a pensar que puede resultarnos beneficioso ayudar a los demás. En pocas palabras, la Cabalá nos ayuda a recordar que debemos tener una mayor amplitud de miras.

Sin embargo, paradójicamente, cuanto más deseo se siente por la espiritualidad, mayor será el anhelo por los deseos mundanos. Un cabalista no es una persona sin deseos de alimento, sexo, dinero, poder y conocimiento. Por el contrario, un cabalista es alguien con unos deseos terrenales más intensos que los experimentados por la mayoría de la gente. Pero cuenta a la vez con un deseo por la espiritualidad mucho mayor que todos sus deseos mundanos juntos.

Este proceso de intensificación va dirigido a hacernos desarrollar un deseo tan fuerte por la espiritualidad que nos sintamos dispuestos a hacer cualquier cosa por alcanzarlo, incluyendo la renuncia a todos los deseos que no tienen que ver con la búsqueda de espiritualidad. Sin embargo, para poder renunciar a dichos deseos debemos experimentarlos. Este es el motivo por el cual los cabalistas explican que cuanto más elevado sea nuestro grado espiritual, mayores serán nuestros deseos mundanos. El avance de los cabalistas se produce experimentando los más grandes placeres terrenales, para luego ser consciente de que existe algo aún mejor y más sublime que la combinación de todos esos placeres.

En la espiritualidad, al igual que en nuestro mundo, los deseos cambian a medida que vamos creciendo. Lo que antes constituía un objeto de deseo puede parecer un juguete en comparación con lo que anhelamos ahora. Al final, esa búsqueda conduce al bien absoluto, al contacto directo con el Creador que alcanzamos a través de la equivalencia de forma con Él, es decir, siendo como Él.

Todos salimos ganando

Pero si el Creador hizo un mundo con el fin de otorgar Su abundancia a los seres creados, entonces, ¿qué hay de malo en querer recibir todo «para uno mismo»? ¿Por qué esto se percibe como maldad o como egoísmo? ¿Por qué fue necesario crear un mundo tan imperfecto y una creación tan corrupta que tuviera que ser corregida?

Los cabalistas explican que el Creador se deleita al dar placer a Sus seres creados: nosotros. En el momento en que seamos capaces de deleitarnos sabiendo que, al recibir, estamos complaciendo al Creador, Él y nosotros coincidiremos en cualidades y deseos. De ese modo, todo el mundo piensa en el otro y no en uno mismo y, aun así, todos recibimos placer. Es una situación en la que todos salimos ganando.

Cuando sexo, poder y conocimiento no me llenan

«El punto en el corazón» empieza a desarrollarse cuando los deseos por placeres terrenales —alimento, sexo, familia, riqueza, poder y conocimiento— no nos proporcionan la felicidad duradera que parecían prometer. Se trata de un deseo por algo superior, que aparece cuando todos los deseos terrenales se han consumido.

El punto en el corazón

Cabalateca

La Cabalá distingue el deseo por el Creador de todos los demás anhelos. Los deseos por placeres mundanos se conocen como «corazón del hombre», mientras que el deseo por el Creador se denomina «el punto en el corazón».

El punto en el corazón, el deseo por la Luz —el Creador— despierta en el seno de los deseos egoístas que el individuo no puede satisfacer. Ante la incapacidad de satisfacer el deseo por el Creador utilizando fórmulas terrenales, la persona llega al estadio final de la evolución del deseo de recibir.

Cuando esto ocurre, a menudo dicha persona siente oscuridad en su interior y, a pesar de lo que pueda parecer, no ocurre porque el individuo haya ido deteriorándose. Al contrario, si algo así sucede, es porque se ha convertido en una persona más corregida, ha atraído más Luz, y esa nueva Luz brilla en nuevos rincones de su alma. No obstante, dado que estos lugares aún no se encuentran corregidos, con frecuencia dan una sensación de «oscuridad». Y cuando esa oscuridad aparece, es una señal inequívoca de que se ha producido un avance, y la Luz llegará con seguridad.

En la *Introducción al estudio de las diez Sefirot*, Baal HaSulam escribe que es como si el Creador se apareciera a una persona de entre las grietas de una pared y ofreciera una esperanza de paz futura. En Cabalá esto se conoce como «poner la mano de uno sobre la buena fortuna».

Chispas espirituales

El hombre ve la apariencia externa, pero el Señor ve el corazón.

1 Samuel, 16,7

Fijándonos en el «por qué»

El auténtico trabajo comienza una vez que se abre el punto en el corazón. Lo principal, en Cabalá, es la *intención*. Es cierto que los deseos originan los pensamientos, pero son las intenciones quienes los dirigen. Estos, a su vez, dan lugar a nuestras acciones y, finalmente, a nuestra realidad completa. Al adentrarnos en el estudio de la Cabalá, podemos centrarnos en desarrollar intenciones que afecten la realidad de tal modo que nos permita elevarnos y experimentar el Mundo Superior, el Creador.

En la ciencia de la Cabalá, el pensamiento es la intención, pues es su progenitora. En la vida cotidiana, el pensamiento es el resultado de las consideraciones que realiza el deseo de recibir, el cual, en sí mismo, no es bueno ni malo: simplemente, es el modo en que fuimos creados. Sin embargo, utilizado de manera correcta, resultará beneficioso tanto para nosotros como para el Creador. La intención con la que usamos nuestro deseo es el lugar adonde debemos dirigir toda nuestra atención.

Empleando un lenguaje más sencillo: es preciso llegar a ser conscientes de por qué hacemos lo que hacemos, qué deseamos obtener con ello, y a quién queremos agradar al experimentar placer, ¿a nosotros mismos o al Creador? Esta intención creará entonces un plan de trabajo, un pensamiento, y los pensamientos son los que van a determinar toda nuestra realidad. Por tanto, la única porción de la realidad que necesita ser reparada son nuestras intenciones. Esta es la razón por la que los cabalistas afirman que no importa lo que hagamos, lo único que importa es lo que se desea lograr con ello. La siguiente sección nos brindará más detalles sobre este aspecto.

Asociándonos con el Creador

Desde un principio, el propósito del Creador fue cumplir el deseo. Sin embargo, esto solo tiene lugar cuando, desde el libre albedrío, buscamos asemejarnos a la cualidad de otorgamiento del Creador. Algo así requiere una transformación de nuestro deseo de autogratificación en un deseo de complacer al Creador. Y cuando adquirimos Sus cualidades es cuando logramos complacerle.

Una vez que adquirimos dicha intención, el deseo de disfrutar se equipara al deseo del Creador por dar. Y llegamos así a un estado de perfección mediante este uso correcto de nuestro único atributo: recibir placer. El cambio estriba en la intención, en el propósito de nuestras acciones y no en las acciones en sí. Cambiar la intención de nuestro deseo conlleva tres fases:

1. Evitar el uso del deseo en su forma original.
2. Seleccionar de nuestro deseo de disfrutar sólo aquellos deseos que podamos utilizar con el fin de complacer al Creador.

3. Corregir la intención de dichos deseos y lograr así igualarnos al Creador en esos deseos. En Cabalá, a esto se le llama «asociarse con el Creador» o «descubrir al Creador».

En la espiritualidad, no buscamos ver el cuadro de la realidad con el que nacimos. En vez de ello, llegamos al conocimiento de las fuerzas que pintan ese cuadro. Llegamos a conocer al artista. Adquirimos la habilidad de conectarnos a las fuerzas que crean la imagen, y por último, aprendemos a gobernarlas. Y llega el entendimiento de la forma en que está conformada la realidad.

Lo mencionado es aplicable tanto a la sociedad en general, como a los individuos en particular. Actualmente, muchos de nosotros ya hemos completado los niveles del 1 al 4 y estamos ahora embarcándonos en el nivel 5, el nivel espiritual. El momento en el que la gente siente el deseo de saber cuál es el propósito de su vida. Nuestro siguiente capítulo explora los puntos clave en la evolución de la Cabalá y su relación con la historia de la humanidad.

En pocas palabras

- Hay cinco niveles de deseo: alimento y sexo, riqueza, poder, conocimiento y espiritualidad. Este último es el único que verdaderamente podemos cumplir.
- La historia no es otra cosa que una sucesión de deseos que aumentan de intensidad y resultan imposibles de satisfacer.
- Nuestros atributos negativos, al final, nos llevarán al conocimiento del Creador.
- El deseo por más cosas terrenales lleva, de manera inevitable, a un vacío mayor, pues nuestro verdadero deseo (inconsciente) es conocer al Creador.
- La intención es la fuerza que determina el resultado de las acciones, es el propósito detrás de la acción.

Capítulo 5

La Cabalá: su historia y celebridades

LO ESENCIAL

*La realidad evolucionó del
pensamiento a la materia, al hombre.*
Ádam *y* El ángel del secreto de Dios.
Abraham y El libro de la creación.
Moisés y La Torá.
Shimon Bar Yojay y El libro del Zohar.
El Ari y El árbol de la vida.

La Cabalá no habla acerca de la realidad física del universo, sin embargo, todo lo que revela acerca de la espiritualidad tiene su parte correspondiente en el mundo físico. En este capítulo, abordaremos la historia de la Cabalá y hablaremos sobre aquellos que contribuyeron a hacer de ella una pieza clave en el desarrollo de la humanidad.

Del primer pensamiento al primer hombre

La historia de la Cabalá es la historia de la creación. Y lo que propició que la creación tuviera lugar fue el Pensamiento de la Creación, que recibe el nombre de Fase Raíz o Fase Cero. La Fase Cero generó cuatro fases más que, a su vez, dieron origen a un Mundo Raíz que sigue siendo un mundo espiritual y no uno físico. El Mundo Raíz, denominado *Adam Kadmón* (el hombre primigenio), dio origen a cuatro mundos más, llamados *Atzilut, Briá, Yetzirá y Asiyá*, todos ellos, mundos espirituales. Pero en lo más profundo de *Asiyá* existía un punto negro, denominado «el punto de Este Mundo», que se materializó en lo que hoy conocemos como «el universo». Y dentro de ese universo nuestro, existe una galaxia llamada Vía Láctea en cuyo interior hay un pequeño planeta llamado Tierra.

La evolución de la Tierra —desde la ardiente lava hasta la formación de gélidos mares, pasando por los desplazamientos de las montañas o la fragmentación de las grandes masas de tierra en continentes— se prolongó durante varios millones de años. Y fue en el momento en que la Tierra se enfrió cuando apareció la vida vegetal que reinaría en el globo terrestre durante algunos millones de años.

Así, la vida en la Tierra continuó evolucionando hasta que, en un momento dado, aparecieron los primeros seres animados.

El último animal en evolucionar, como ya se imaginará el lector, fue el hombre. Los humanos hicieron su aparición hace varias decenas de miles de años, viviendo los primeros homínidos como animales, en busca de cualquier alimento que estuviera disponible.

Poco a poco, la especie humana fue evolucionando, convirtiéndose en los primeros animales que llegarían a preguntarse por el origen de su propia existencia. El nombre de la primera persona que se planteó la cuestión sobre su origen fue *Adam* (Adán). Sí, ese *Adam* en el que usted está pensando ahora. Y precisamente por eso, los cabalistas han considerado a *Adam* como la primera persona en alcanzar la espiritualidad, el primero en descubrir la fuente de su propia existencia. Y la nuestra.

Si observamos en retrospectiva esta breve historia de la evolución, podremos constatar que siempre han sido cinco fases las que se han generado antes de que un cambio trascendental tuviera lugar. Los cabalistas hablan siempre de cinco fases, cinco mundos espirituales, y cinco niveles en el mundo físico: inanimado, vegetal, animado, humano y espiritual.

Aciertos

Cuando hablamos de la evolución de lo inanimado al nivel vegetal, al animado, y al humano, automáticamente pensamos en Darwin o en aquella explicación de la creación que mejor se adapte a nuestro sistema de creencias. Pero debemos saber que, según la Cabalá, la única razón para la aparición del siguiente nivel en la creación —o de cualquier otra cosa, en ese sentido— es la consumación de la etapa previa. Cuando una fase se completa, cuando alcanza su fin, desencadena la aparición de la etapa subsiguiente.

Adam

Adam (Adán), pareja de Eva y residente temporal del Jardín del Edén, supone el inicio de la fase final en la evolución: la fase espiritual. En Cabalá, *Adam* es considerado la Fase Raíz en relación a la espiritualidad humana y, por esta razón, recibe el apelativo de *Adam HaRishón*: el primer hombre.

Adam fue, asimismo, la primera persona en escribir un libro cabalístico, *HaMaalaj Raziel (El ángel del secreto de Dios)*, un pequeño libro que incluía una serie de dibujos y tablas. Cabe precisar que, aunque los cabalistas atribuyen este trabajo a *Adam*, no hay prueba escrita que confirme su autoría. El nombre *HaMaalaj Raziel* proviene del hebreo *Maalaj* (ángel), *Raz* (secreto), y *El* (Dios). Por lo tanto, *HaMaalaj Raziel* pretende ser una revelación de los secretos del Creador.

La tradición cabalística sostiene que, hace más de 5.770 años, *Adam* compuso *El ángel del secreto de Dios*. *Adam* se sirvió de alegorías y metáforas para explicarnos la percepción de su existencia en ambos mundos: el terrenal y el espiritual. Y aunque llegó a sentir la Existencia Superior en su totalidad, no logró, sin embargo, describirla de modo que el hombre de hoy pueda identificarse con ella. *Adam* alcanzó este nivel en sus sensaciones, intentando ilustrarlo de la mejor manera que pudo.

Al examinar *El ángel del secreto de Dios*, resulta evidente que el autor no es un primitivo hombre de las cavernas sin educación. *Adam* fue un cabalista de un elevadísimo nivel que descubrió los secretos fundamentales de la creación en su travesía espiritual. Investigó el Mundo Superior, el lugar donde nuestras almas descansan antes de su descenso para nacer en la Tierra, y adonde regresarán tras la muerte. *Adam* nos explica la forma en que estas almas acabarán reagrupándose en una sola, construyendo lo que denominamos «hombre», algo de lo que solo somos fragmentos. Profundizaremos en este aspecto en el capítulo 7.

Abraham

Desaciertos

Encontramos que los libros de Cabalá están repletos de vívidas descripciones que van desde dos personas que caminan y hablan con quien arrea a sus asnos, hasta torres voladoras. Por lo que, fácilmente, se podría caer en el engaño al pensar que hay mundos en los que estas cosas suceden a nivel físico. No es así. Todas las historias cabalísticas describen nuestra conexión con el Creador, nuestro nivel de altruismo, así como nuestros esfuerzos por llegar a unirnos. Esta es la razón por la que resulta fundamental estudiar con un maestro que pueda proporcionar las explicaciones correctas que pueda ayudarnos a «mantener los pies en la tierra».

Veinte generaciones después de *Adam* apareció Abraham y fue el primero en dirigir estudios de Cabalá de manera organizada. Él supo contemplar las maravillas de la existencia humana y se formuló preguntas sobre el Creador, descubriendo así los Mundos Superiores.

Abraham transmitió los conocimientos y el método para adquirir los Mundos Superiores a las generaciones posteriores. De este modo, la Cabalá fue transmitida de maestro a discípulo durante siglos, a lo largo de los cuales cada cabalista fue aportando su personalidad y experiencia propia a este *corpus* de conocimiento acumulado.

Abraham vivió en Mesopotamia (el Irak actual) y, al igual que todos sus conciudadanos, rendía culto al sol, a la luna, a las piedras, a los árboles. Sin embargo, un buen día empezó a preguntarse: «¿Cómo fue creado el mundo?», «¿Por qué todo gira alrededor nuestro?» y «¿Qué significa la vida?». De hecho, la vida debe tener un sentido, pensó: un principio, un fin, causa y efecto. ¡Debe haber una fuerza que pone todo en movimiento! Abraham se planteó esas preguntas y, con el tiempo, a través de la imagen de nuestro mundo, llegó a sentir y ver lo mismo que *Adam*, que vivió en dos mundos al mismo tiempo: el espiritual y el material.

Precisamente estas son las mismas preguntas que han llevado a la Cabalá a ocupar un lugar destacado en nuestra sociedad actual.

Al igual que los cabalistas que vendrían después de él, Abraham dejó recogidos sus descubrimientos por escrito. Su libro, *Séfer Yetzirá (El libro de la creación)*, constituye el texto más importante tras *HaMaalaj Raziel*. A diferencia de otros libros de Cabalá mucho más extensos, *Séfer Yetzirá* está compuesto por tan sólo unas cuantas docenas de páginas.

El propósito de Abraham al escribir este libro no fue enseñar el alcance del Mundo Superior, sino tan sólo destacar algunas de las leyes fundamentales que descubrió sobre el mundo espiritual, a modo de bosquejo.

Los cabalistas lo consideran un libro difícil de estudiar correctamente, pues fue escrito para aquellos que vivieron hace miles de años. En esa época, las almas no eran tan burdas como hoy en día: eran capaces de entender el texto aunque estuviera redactado de manera concisa. En la actualidad, necesitamos un texto mucho más detallado para poder identificarnos con él, siendo este el motivo por el que Baal HaSulam escribió sus comentarios sobre *El libro del Zohar* y *El árbol de la vida*.

En cuanto Abraham descubrió la espiritualidad, comenzó a divulgar sus conocimientos. Es por eso que está escrito que solía sentarse a la entrada de su tienda invitando a las gentes a entrar en ella, y allí les enseñaba todo lo aprendido sobre espiritualidad. Con el tiempo, aquellos estudiantes que Abraham invitó a su tienda acabarían convirtiéndose en el primer grupo de estudio en la historia de la Cabalá.

Moisés

El nombre *Moshé* (Moisés) proviene de la palabra hebrea *moshej* (tirar de), en el sentido de «tirar de algo» o «extraer de este mundo». Moisés se diferenció de los demás cabalistas en que, además de sus revelaciones, recibió la orden de difundirlas por escrito y establecer centros de estudio.

Moisés tuvo 70 discípulos y Yehoshua Ben Nun (Joshua, el hijo de Nun) fue su único sucesor. Moisés llevó a cabo algo más que una simple investigación del Mundo Superior: se ocupó de la realización práctica de su alcance espiritual en nuestro mundo, el éxodo de Egipto. Con la sabiduría adquirida y las Fuerzas Superiores que recibió de lo Alto, consiguió sacar del exilio al pueblo de Israel.

Su siguiente tarea fue escribir un libro con el que cualquier persona pudiera «conquistar» el Mundo Superior. Con dicho libro, lograron salir de Egipto en espíritu, abandonando la adoración a ídolos, la adoración al sol o a otros falsos dioses. Esto supuso su entrada en el Israel espiritual —*Atzilut*— un mundo de eternidad y plenitud.

En su libro *La Torá* (Pentateuco), Moisés elaboró un método a partir de la palabra *Or* (luz) que incluía las instrucciones para hacer uso de la Luz como medio de avance en el mundo espiritual. Toda persona puede revelar el cuadro completo de la creación, alcanzar el resultado deseado y lograr la meta final con tan sólo leer y entender esas instrucciones correctamente. El método de Moisés proveniente de *La Torá*, adaptado a las almas de hoy, permite a cualquiera de nosotros alcanzar el grado espiritual de Moisés.

Rabí Shimon Bar Yojay (Rashbi)

El libro del Zohar (el libro del esplendor) fue la siguiente obra significativa dentro de la Cabalá y probablemente la más conocida. Su autor, el rabí Shimon Bar Yojay «el Rashbi», lo compuso en algún momento alrededor del año 150 d. C., tras haber sido discípulo del rabí Akiva (40 - 135 d. C.), conocido por la importancia que concedió al mandato de «ama a tu prójimo como a ti mismo».

El destino del rabí Akiva, sin embargo, fue uno muy distinto: los romanos le vieron como una amenaza en sus enseñanzas cabalísticas y lo capturaron. Fue torturado horriblemente y asesinado junto a varios de sus discípulos.

Pinceladas

Académicos y cabalistas no logran ponerse de acuerdo sobre la cuestión de cómo y cuándo fue escrito *El libro del Zohar*. Los cabalistas trazan la estela de *El Zohar* y apuntan a Shimon Bar Yojay y a la academia de Moshé de León en la España del siglo XIII. Baal HaSulam afirma con absoluta claridad que *El Zohar* fue escrito desde el más alto nivel espiritual, por lo que, según él, solo pudo haberlo escrito alguien tan elevado como el rabí Shimon. Fue él quien compuso el libro y no Moshé de León, el cual, pese a ser un respetable cabalista, no poseía el nivel de Bar Yojay. Baal HaSulam sostiene que *El Zohar* fue escrito desde un grado tan elevado que no le sorprendería descubrir que hubiera sido escrito por el propio Moisés.

Con anterioridad a estos hechos, una plaga se había cebado con los 24.000 estudiantes del rabí Akiva, salvándose sólo unos cuantos entre los que se encontraba el rabí Shimon Bar Yojay. Los cabalistas consideraron esta plaga como el resultado de un creciente egoísmo que les provocaba un odio infundado y que era contrario a lo que su maestro les había enseñado: «ama a tu prójimo como a ti mismo».

Tras la muerte de los 24.000 discípulos del rabí Akiva, Rashbi recibió la autorización del rabí Akiva y del rabí Yehuda Ben Baba para que, del mismo modo que él había sido instruido, enseñara Cabalá a las futuras generaciones. La impresión en aquel momento era que sólo sobrevivieron aquellos que no habían caído en ese odio infundado, siendo ellos quienes escribirían el siguiente gran capítulo de la Cabalá: *El libro del Zohar*.

En la cueva

Rashbi y otros cuatro hombres fueron los únicos que sobrevivieron a la plaga y a la ira de aquellos romanos que mataron a su maestro. Tras la captura y confinamiento del rabí Akiva, Rashbi huyó a una cueva junto a su hijo, rabí Eliezer.

Transcurridos trece años, Rashbi y su hijo supieron que ya no les buscaban los romanos y abandonaron la cueva. Una vez fuera de ella, reunió ocho hombres más, y estos diez hombres en total se dirigieron a una pequeña cueva en Merón, al norte de Israel. Con ayuda de su hijo y aquellos hombres, el rabí Shimon escribió el culmen de los libros de Cabalá, *El libro del Zohar*, teniendo que esconderlo al poco tiempo de haberlo escrito.

No fue el propio Rashbi quien escribió *El Zohar*, sino que dictó el libro al rabí Aba, que lo recogió por escrito. Y lo redactó de forma que sólo aquellos que fueran merecedores de ello lograran entenderlo. Una vez finalizado el escrito, cuando el rabí Shimon y sus discípulos vieron que su generación no estaba preparada para sus contenidos, lo ocultaron hasta que el tiempo fuera propicio y la gente estuviera lista. Son numerosos los destacados cabalistas que nos aseguran que la demanda por *El Zohar* es hoy en día mayor que nunca.

Pinceladas

El Zohar desapareció durante cientos de años hasta ser descubierto por unos árabes, que emplearían sus hojas para envolver pescado en el mercado. Con posterioridad, un anhelante cabalista se percataría del hallazgo.

Reaparición temprana

El libro ya había sido descubierto anteriormente, aunque por accidente. Fue a caer en las manos de un cabalista, el rabí Moshé de León, que lo custodió y estudió en secreto. Al fallecer, su esposa vendió el libro, pues no tenía manera de subsistir tras la muerte de su marido. Probablemente, ella desconocía cuán importante era el texto. Y es esta la causa por la que, a menudo, se atribuye la composición de

El Zohar a Moshé de León, aunque hasta el propio Moshé de León atribuía la autoría del libro a Rashbi.

El Zohar afirma que fue compuesto para una época en la que hubiese aumentado la *jutzpá* (imprudencia) y en la que el rostro de la generación fuera «como el rostro de un perro». Cuando relevantes cabalistas como el gaón de Vilna, Baal HaSulam y otros visualizaron el futuro, señalaron a esta generación actual como aquella a la que *El Zohar* hacía referencia. Y, obviamente, no lo dijeron a modo de cumplido.

Rabí Yitzjak Luria (el Ari)

Esta etapa del desarrollo cabalístico es sumamente importante para la Cabalá en nuestra generación. Se trata del período de «el Ari», el rabí Yitzjak (Isaac) Luria. Fue él quien anunció, públicamente, el inicio de un período de estudio masivo de Cabalá.

Hasta la llegada del Ari, el método de estudio que prevalecía fue el del Ramak (rabí Moshé Cordovero) de Safed, un método en el que el cabalista sencillamente experimentaba el Mundo Superior casi de manera intuitiva.

Sin embargo, cuando el Ari llegó a Safed, estaba claro que los tiempos habían cambiado. Esto tenía lugar a mediados del siglo XVI, época en la que el mundo se dirigía hacia la era de la ciencia y la industrialización. El Ari se dio cuenta de que el estudio de la Cabalá requería un método renovado y más sistemático que se adaptara a esta nueva época de carácter más científico. Y no todos se mostraron entusiastas con ello, sin embargo el mismo Ramak, el más renombrado cabalista de la época, abandonó el que había sido su propio método y comenzó a estudiar el nuevo sistema de su también nuevo profesor, el Ari. En aquel momento, fueron numerosos los sorprendidos, pero el Ari, que entonces tenía 36 años de edad, entendió las necesidades de la generación y el Ramak supo reconocerlo.

Un método acorde con su tiempo

El rabí Yitzjak Luria nació en Jerusalén en 1534. Siendo aún un niño cuando su padre falleció, su madre lo llevó a Egipto y allí creció en casa de su tío. Durante su estancia en Egipto, se ganó la vida con el comercio, pero dedicaba la mayor parte de su tiempo al estudio de la Cabalá. Cuenta la leyenda que pasó 7 años aislado en la isla de Roda, en el Nilo, donde estudió *El Zohar*, los libros de los primeros cabalistas y los escritos de Ramak.

El Ari llegó a Safed (Israel) en 1570 y, pese a su juventud, comenzó de inmediato a enseñar Cabalá. Durante año y medio, su discípulo, el rabí Jaim Vital, se dedicó a plasmar por escrito las respuestas a gran parte de las cuestiones que surgían durante sus estudios. De hecho, el Ari no escribió nada por sí mismo, de modo que *Los escritos del Ari* son, en realidad, las notas que Jaim Vital tomó mientras estudiaba con su maestro.

Las principales obras del Ari incluyen *El árbol de la vida*, *Mavo She'arim* (Entrada a las puertas), *Sha'ar HaKavanot* (La puerta de las intenciones), *y Sha'ar HaGilgulim* (La puerta de la reencarnación). El aspecto que convierte en único el método del Ari es su orden sistemático, apropiado para esa época de revolución científica e industrial que comenzaba a fraguarse.

Hoy en día, dicho método, denominado Cabalá luriánica, es el principal método de estudio en Cabalá, pues se encuentra adaptado a las almas de la humanidad moderna. El Ari falleció a consecuencia de una súbita enfermedad en 1572, cuando aún era un hombre joven.

Los escritos de Cabalá han arrojado una luz única en la historia y puede decirse que contienen en su interior la historia de la Luz del Creador. Sin embargo, durante la mayor parte de este tiempo, la Cabalá fue ocultada, estudiada en la oscuridad, alejada del ojo público. Era, más bien, un asunto privado y, en la mayoría de los casos, hasta secreto.

Por lo que nos dicen las profecías de *El Zohar* y las obras del Ari, la Cabalá estaba destinada a derramar su luz sobre todos nosotros. Y el proceso de expansión de esta luz cabalística de manera pública continuó con el trabajo del rabí Yehuda Ashlag. Él, como veremos en el siguiente capítulo, hizo posible que el estudio de la Cabalá fuera accesible a más personas que nunca.

En pocas palabras

- La creación, según la Cabalá, se compone de cinco fases.

- *Adam* fue el primer cabalista y se cree que fue el autor del libro *El ángel del secreto de Dios.*

- Mediante sus enseñanzas, Abraham dio inicio al primer «grupo de Cabalá» y escribió *El libro de la creación.*

- Moisés es la fuerza que nos saca del egoísmo y nos lleva a la espiritualidad. Escribió *La Torá* (Pentateuco).

- *El libro del Zohar,* la obra más significativa de la Cabalá, predijo su propio surgimiento al final de los tiempos. Los cabalistas afirman que el final de los tiempos coincide con nuestra época.

- El Ari creó el método científico de enseñanza de la Cabalá que es el método vigente en la actualidad. Su obra más conocida es *El árbol de la vida.*

Capítulo 6

Baal HaSulam

Lo esencial

La meta de la Cabalá.
El beneficio de los libros cabalísticos.
Baal HaSulam, sus comentarios sobre
El Zohar y los escritos del Ari.
La misión de Baal HaSulam.
La urgencia de revelar la Cabalá.

La Cabalá no siempre fue tan popular como hoy en día. En sus inicios, sólo encontró demanda entre un reducido número de seres que deseaban encontrar un significado a sus vidas. Estos primeros cabalistas continuaron desarrollándola a lo largo de las generaciones, adaptándola a medida que iban cambiando las épocas e imprimiéndole un carácter más científico, como exige nuestra generación. Este capítulo nos muestra la manera en que funcionan los textos cabalísticos y cómo han ido desarrollándose a través de los siglos para hacer a todos más accesible la sabiduría que encierran.

Este capítulo, en concreto, gira en torno al trabajo del más «universal» de todos los cabalistas, el rabí Yehuda Ashlag. Fue él quien estableció, con toda claridad, que el estudio de la Cabalá es algo abierto a todos, que la Cabalá puede ser revelada y divulgada a todos, sin distinción de edad, raza, sexo o religión.

La meta de la Cabalá

Trata de establecer un método para que los individuos logren alcanzar la plenitud espiritual. Como ya sabemos, Cabalá quiere decir «recepción». Y el propósito de la vida en este mundo es que la persona logre el más alto nivel espiritual.

Según la Cabalá, las almas vuelven en repetidas ocasiones a este mundo para revestirse de cuerpos humanos hasta que alcanzan su meta. La meta espiritual nada tiene que ver con aspiraciones de tipo creativo o intelectual, pues tal y como ya mencionamos en el capítulo 4, la búsqueda de la espiritualidad supone la etapa final del desarrollo humano. La Cabalá nos orienta, nos ofrece un camino para llegar a esa realización espiritual.

Lo que un libro de Cabalá puede hacer por ti y lo que no

Los cabalistas que dejaron obras por escrito, describen sus experiencias y ofrecen recomendaciones de manera que otros también puedan seguir sus pasos. Los libros de Cabalá son testimonios sobre sus viajes al Mundo Superior.

Los libros cabalísticos recogen, asimismo, numerosos dibujos que ilustran los diferentes conceptos y eventos espirituales. Es importante recordar que las formas de estos dibujos no se corresponden con objetos reales, sino que son imágenes utilizadas para explicar estados *espirituales* concernientes a nuestra relación con el Creador.

Sin embargo, los libros cabalísticos no nos muestran el cuadro completo. Para conocer el aspecto y las sensaciones de los mundos espirituales debemos experimentarlos nosotros mismos. Ellos, los cabalistas, se consideran como una especie de guías cuyo trabajo es conducirnos a un lugar y dejar que lo contemplemos por nosotros mismos. Por tal motivo, las descripciones que encontramos en los textos que fueron escritos para enseñar son parciales, mostrando únicamente aquello que necesitamos saber para llegar a la espiritualidad por nosotros mismos. Estos textos «didácticos» son *El libro del Zohar*, *El libro de la vida* del Ari y *El estudio de las diez Sefirot* de Yehuda Ashlag.

Desaciertos

El uso de términos mundanos en Cabalá, como beber, sentarse, aparearse o distintos nombres de animales a menudo nos lleva a falsas concepciones, a conclusiones erróneas, pues nos hacen pensar en objetos físicos como si estos tuvieran algún tipo de valor espiritual. Y no lo tienen. Únicamente simbolizan estados espirituales. De ahí que la Cabalá prohíba imaginar ningún tipo de conexión entre los nombres utilizados en nuestro mundo y sus raíces espirituales. Este representa el mayor de los errores en Cabalá.

Raíces. De arriba hacia abajo

La Cabalá explica que las raíces de nuestro mundo son raíces espirituales que provienen de arriba y no de abajo. Raíces que emanan de una fuente situada por encima de este mundo. Imaginemos raíces que crecen en el interior de una burbuja pero que provinieran del exterior de la misma. Y puesto que nos encontramos dentro de esa burbuja —el área de la creación—, las raíces descienden hacia nosotros. Podemos imaginarlas como coloridas serpentinas que penden desde arriba.

Ya dijimos que el objetivo principal de esta sabiduría es que el Creador revele Su Divinidad a Sus criaturas (nosotros). Cada raíz tiene su propia rama en este mundo, y todo en él no es más que una rama de alguna raíz espiritual. Así, los cabalistas «emplean» este mundo para comunicarse con el Creador y aprender Su conducta, a fin de poder llegar a ser como Él.

Para evitar caer en una «comunicación errónea» con el Creador, necesitamos saber con qué raíz particular se relaciona cada rama. Tanto la llegada del Ari como, en un mayor grado, la del rabí Ashlag, significaron un giro hacia una terminología cabalística más clara y novedosa. Los cabalistas describen su entendimiento y experiencias internas empleando metáforas, en un lenguaje adecuado a las almas de su época. Con el paso del tiempo, sus textos se han vuelto confusos pues las almas de las personas han ido evolucionando y requieren nuevas explicaciones. Esto hace que las interpretaciones de los cabalistas posteriores intenten ser aún más precisas, para que nuestro viaje espiritual transcurra de la mejor manera posible. Es por esta razón que el rabí Ashlag escribió un comentario sobre *El árbol de la vida* incluido en su obra más importante, *El estudio de las diez Sefirot*. Este comentario de *El libro de la vida* del rabí Ashlag detalla etapas, eventos y formas de creación de la vida que habían sido descritos originalmente por el Ari. Ashlag hizo algo similar con *El libro del Zohar* de Rashbi: tomó el texto del Rashbi y arrojó luz sobre él a través de un comentario que denominó HaSulam (la escalera). Por eso el rabí Yehuda Ashlag también es conocido como Baal HaSulam (dueño de la escalera).

El gran comentarista

Nacido en 1884 en Varsovia (Polonia), Baal HaSulam estudió Cabalá con el rabí Yehoshua de Porsov, impregnándose tanto de la ley oral como de la escrita. Llegó a ser juez y maestro en Varsovia a la temprana edad de 19 años. En 1921, emigró a Israel (entonces llamada Palestina) con su familia (su hijo primogénito, Baruj, sería más adelante su sucesor) ejerciendo como rabino de Givat Shaul en Jerusalén. A la par que escribía otras importantes obras como *El estudio de las diez Sefirot*, comenzó a redactar *El comentario sulam* sobre *El Zohar* en 1943, finalizándolo justo 10 años después, en 1953. Falleció al año siguiente y fue enterrado en Jerusalén.

Baal HaSulam es el único que logró escribir comentarios completos y actualizados sobre *El Zohar* y los escritos del Ari. Sus libros, escritos en un lenguaje moderno, han permitido a los cabalistas el estudio de textos antiguos y constituyen herramientas indispensables para todos aquellos que aspiran a alcanzar la espiritualidad.

En su artículo «Tiempo de actuar» Baal HaSulam explica que, antes de que existiera la imprenta, cuando los escribanos estaban de moda, nadie se hubiera molestado en doblar su espalda para emprender la tarea de copiar un libro con atrevidas afirmaciones. No valdría la pena el gasto que supondría en tiempo, dinero o cera para las velas. A medida que la industria librera fue desarrollándose, los autores concedieron una mayor importancia tanto a las teorías, como a las relaciones con la Cabalá, comprobando que sus libros eran fácilmente publicados.

Y dado que tantas personas intentaban definirla, apareció un halo de frivolidad alrededor de la Cabalá. Por ello, el objetivo de los escritos de Ashlag fue revelar, en la mayor medida posible, su verdadera esencia.

En su *Introducción al libro del Zohar*, Ashlag dijo que se veía en la obligación de escribir libros de Cabalá porque cada generación tiene sus propias necesidades y, por lo tanto, sus propios libros. También nuestra generación requiere libros que todos podamos entender. Dado que los libros del Ari fueron escritos hace cientos de años y *El Zohar* hace casi 2.000, Baal HaSulam asumió la responsabilidad de interpretarlos para hacer accesible a nuestra generación la sabiduría de aquellos antiguos cabalistas. Para que logremos experimentar los mundos espirituales por nosotros mismos.

Desaciertos

En la actualidad, la Cabalá ha alcanzado una especie de popularidad y notoriedad que, a menudo, se achaca a la última de las modas. Si fuera esta la razón de nuestro estudio, es muy probable que acabáramos decepcionados por dos razones: en primer lugar, porque no nos proporciona respuestas sencillas y, por otro lado, el hecho de tomarla como la última moda sería malinterpretar completamente su mensaje.

Pero si, por el contrario, nos acercamos a ella con verdadero deseo de entrar en contacto con nuestra naturaleza espiritual, es muy probable que nos sintamos plenamente satisfechos con su estudio. No obstante, si el lector estuviera buscando respuestas fáciles, y aun así le encontrara algún sentido a estas líneas, todo ello también sería para bien.

Lo necesario dado los tiempos que corren

Pero la forma en que se está propagando la Cabalá, en la actualidad, no es sólo producto de la aparición de libros desacertados e inexactos. Ashlag explica en su *Introducción al libro del Zohar* y en muchos otros de sus ensayos que esta divulgación de la Cabalá es una obligación en nuestra época. Afirma que estos son los tiempos a los que se refiere el profeta Jeremías cuando anunció «pues todos ellos Me conocerán, desde el más pequeño hasta el más grande».

Podemos tomárnoslo con calma y hacer que todo esto suceda de manera natural; sin embargo, Ashlag afirma que tal decisión nos saldrá muy cara, pues la propia naturaleza nos obligará a evolucionar hacia la espiritualidad. La otra opción que nos señala es averiguar qué es lo que la naturaleza quiere de nosotros y ponerlo en práctica. Según Ashlag, esto no sólo nos evitaría sufrimiento, sino que además nos permitiría aprender a recibir los placeres que el Creador desea darnos. Los antiguos cabalistas denominaron estas dos opciones «a su debido tiempo» o «acelerando los tiempos».

En nuestros días —nos dice Ashlag— no se trata simplemente de una «buena idea» compartir este conocimiento: es lo necesario dado los tiempos que corren. Por lo tanto, sin más preámbulos, adentrémonos en el corazón de esta sabiduría y en sus conceptos.

En pocas palabras

- La Cabalá proporciona un método para alcanzar la plenitud espiritual.
- Al rabí Yehuda Ashlag se le atribuye el mérito de facilitarnos la interpretación de antiguos e intrincados textos de Cabalá.
- El estudio de la Cabalá ha evolucionado hasta convertirse en un método de estudio sistemático y científico.
- La sabiduría de la Cabalá desaparece y reaparece en función de que los tiempos para comprender su profundidad resulten propicios; y ahora lo son.

II
Antes de que existiera el tiempo

¿Siente curiosidad sobre la razón por la que fuimos creados?

Las preguntas sobre el sentido de la vida y por qué estamos aquí han existido desde el principio de los tiempos. Sin embargo, es posible que las respuestas sean más fáciles de entender de lo que nos imaginamos.

Los cabalistas anhelan llegar a comprender el propósito de la vida; sin embargo, preguntar es lo único que necesitamos para que dé comienzo nuestro entendimiento. En esta sección, aprenderemos conceptos de Cabalá auténtica y encontraremos algunas respuestas a esos misterios milenarios.

Capítulo 7

Abajo y arriba por la escalera

LO ESENCIAL

*A medida que fuimos descendiendo, quedó construida una
escalera: ahora podemos utilizarla para ascender de nuevo.
Ciento veinticinco grados espirituales.*
Reshimot, *nuestro banco de datos espiritual
y qué podemos hacer con ellos.
El libre albedrío y la elección de los amigos.*

En su *Introducción al libro del Zohar*, Baal HaSulam describe tres estados que las almas experimentan. El primer estado es el comienzo de la creación, que contiene todo lo que posteriormente evolucionará en el alma, del mismo modo que una semilla contiene la futura planta que brotará de ella. El segundo estado es el nacimiento del alma, comparable a las etapas de crecimiento que atraviesa dicha semilla. El tercer estado tiene lugar cuando el alma se da cuenta de su máximo potencial, alcanza el nivel del Creador y se une a Él. En este tercer estado el alma regresa al primer estado, sin embargo esta vez se trata de un acto consciente y maduro.

Otra forma de concebir estas etapas es el modo en que crece un bebé: en la primera etapa, el niño se encuentra al mismo nivel que su madre porque ella lo sostiene junto a su pecho. En la segunda etapa, el niño se encuentra de pie y comienza a hacerse más alto. En la tercera y última etapa, el niño ya se ha hecho grande, alcanzando de nuevo la altura de la madre, pero esta vez como un adulto consciente y maduro.

La escalera de cinco peldaños

El ciclo de la realidad espiritual es como una escalera, aunque no exactamente como las que venden en las ferreterías, pues en su cúspide encontramos la Luz Espiritual. Este es el punto de origen, el cero o punto raíz, en lenguaje cabalístico. El punto de origen coincide con la Fase Cero, de la cual ya hablamos en el capítulo 5. Sin embargo, aquí nos referimos a ella como el inicio del círculo, de ahí el cambio de nombre. Con frecuencia, los cabalistas emplean distintos nombres para designar los mismos estados espirituales, con el fin de resaltar una función diferente dentro de una misma entidad o grado espiritual.

La Luz descendió en cuatro pasos: 1, 2, 3 y 4. Aunque debemos señalar que, puesto que el ciclo da comienzo en la raíz (o cero), la escalera cabalística está compuesta de cinco etapas y cuatro peldaños. Una barrera situada al final de la Fase 4 restringe toda la Luz espiritual a excepción de una fracción de Luz, que evoluciona y da lugar a nuestro universo.

Cabe aquí señalar la similitud con los cinco niveles del deseo humano presentados en el capítulo 4. La Cabalá es un sistema en el que los ciclos de un segmento de la existencia coinciden con los ciclos de otro. Los cinco niveles de deseo en nuestro mundo se corresponden con los cinco ciclos en la realidad espiritual de los Mundos Superiores. Como veremos a lo largo de este capítulo, el número 5 se va repitiendo en Cabalá de diferentes formas, representando distintos aspectos del viaje cabalístico hacia el alcance espiritual.

La porción de Luz que logró atravesar la barrera continuó evolucionando hasta que la Tierra quedó completamente formada. El planeta acabaría enfriándose y aparecería la vida vegetal, luego los animales, los humanos y, por último, los seres humanos que ahora están llegando al grado final de la evolución: el deseo por la espiritualidad. De modo que el Creador «ha bajado» por una escalera hacia la Tierra, y la Cabalá es lo que nos permite seguir el camino «que sube»

hacia el Creador por esa escalera, la misma que Él ha utilizado para
«descender» hasta nosotros.

Cinco fases o cinco *Sefirot*

Puesto que el Creador dio el primer paso al otorgar, es esto lo que
constituye la base de la relación con Él, marcada por cinco fases de
desarrollo espiritual. El punto de partida para nosotros supone recibir. El Creador otorga, nosotros recibimos.

Por lo tanto, la Fase 0 es el Creador, el deseo de dar. La Fase 1
en el ciclo de la espiritualidad es recibir con felicidad. Sin embargo,
el Creador dio a los humanos algo más que un simple deseo de disfrutar: nos dio el deseo de llegar a ser como Él, porque ¿acaso hay algo
mejor que ser como Él? Y puesto que ser como el Creador es algo
incluso mejor que simplemente recibir, la Fase 2 desea dar, pero en
este caso quiere retribuir al Creador.

En la Fase 3, los seres creados (nosotros) comprenden que la única
manera de otorgar al Creador es hacer aquello que Él desea, pues no
hay nada más que podamos darle. Y ya que Él desea que recibamos,
eso es lo que precisamente hacemos en la Fase 3. Pero hay una diferencia: no es como el recibir de la Fase 1. Ahora, en la Fase 3, recibimos
porque Él quiere darnos, no porque nosotros deseemos recibir. Nuestra *intención* ha cambiado: de recibir para nosotros mismos a recibir
para deleitar al Creador. Esto, en Cabalá, es lo que se considera dar.

La Fase 3 podría haber sido el final del proceso si no hubiera
sido por ese pequeño asunto conocido como «la tercera etapa». Previamente dijimos que nuestra meta no se reduce a estar próximos al
Creador: debemos llegar a ser como Él. Y algo así sólo puede suceder cuando compartimos Sus pensamientos, cuando conocemos y
además participamos en el Pensamiento de la Creación. Por lo que
la Fase 4 aporta un nuevo matiz: el deseo de comprender el Pensamiento de la Creación. En ella, el deseo es llegar a entender para qué
es el otorgamiento, qué lo hace placentero, por qué la acción de dar es
el origen de todo y cuál es la sabiduría que proporciona.

Las cuatro fases y su raíz tienen cada una un segundo nombre.
La Fase 0 también se llama *Kéter*; la Fase 1, *Jojmá*; la Fase 2, *Biná*; la

Fase 3, *Tiféret* o *Zeir Anpin* (*ZA*); y la Fase 4, *Máljut*. Estos términos reciben el nombre de *Sefirot* (zafiros), pues su brillo es como el de los zafiros.

Cabalateca

Todo lo referente a las *Sefirot* puede que suene algo confuso, pero todo se simplifica si recordamos qué simbolizan los deseos. *Kéter* es el deseo del Creador de dar Luz (placer); *Jojmá* es nuestra recepción del placer; *Biná* representa nuestro deseo de retribuir al Creador; *ZA* es nuestro deseo de recibir con objeto de dar al Creador; y por último *Máljut*, el deseo puro de recibir, la raíz de las criaturas: nosotros.

La pantalla (y el ejemplo improbable)

Sin embargo, el Creador no infundió en nosotros el deseo de ser como Él. En la Fase 4, tomamos la decisión de recibir sólo si entendíamos *por qué* el Creador desea otorgar: si llegábamos a comprender lo que esto significa para Él.

Imaginemos, por ejemplo, que ofrecemos a nuestros hijos llevarlos al centro comercial para comprarles todo lo que ellos deseen. Suena como algo bastante improbable, pero lo hacemos. Ahora imaginemos que ellos nos dicen: «¿Por qué nos propones algo así? ¿Qué ganas con ello? Si no entendemos por qué quieres dar, no estamos interesados en los regalos». Y esto, que suena más improbable todavía, este condicionamiento de no recibir para uno mismo, se denomina *Tzimtzum* (restricción). Es lo primero a poner en práctica para llegar a ser un «no egoísta». Y el mecanismo que va a hacer posible que el *Tzimtzum* tenga lugar se denomina *Masaj* (pantalla).

Una vez que hemos adquirido un *Masaj*, podemos comenzar a calcular si nos es posible recibir y en qué cantidad, centrándonos en el placer de nuestros padres y no en el nuestro. Cuando alcanzamos esta habilidad, se considera que ya tenemos lo que se llama un *Partzuf* completo (un rostro).

5 x 5 x 5

Las cinco fases del desarrollo espiritual se corresponden con los cinco mundos espirituales, los cuales, a su vez, contienen cinco *Partzufim* (rostros). Siguiendo con la metáfora de la escalera, los mundos empiezan en el punto más alto de dicha escalera, en el punto más cercano al Creador, para luego continuar descendiendo. Los mundos en orden descendente son: *Adam Kadmón, Atzilut, Briá, Yetzirá* y *Asiyá*. El mundo más próximo a la Luz y al Creador, *Adam Kadmón*, es también el más espiritual. Los otros mundos van desplegándose en sentido descendente, pasando a ser más «materiales» y menos «espirituales» a medida que descienden.

Aciertos

Es importante tratar de entender los cinco mundos, pues ese esfuerzo por entenderlos nos acercará a ellos (exactamente igual que cuando una persona desea ser como nosotros, de un modo natural, nos sentimos más próximos a ella). Es más, aunque no los comprendamos al estudiarlos, llegaremos a entenderlos cuando subamos la escalera espiritual por nosotros mismos, pues descubriremos que estos mundos ya existen en nuestro interior. Del mismo modo que estos mundos forman parte de la estructura de la creación, son parte de nuestra estructura espiritual.

Nuestra tarea es alcanzar el nivel más alto en nuestro avance hacia el Creador. Existen 125 grados en la escalera espiritual, que nos permiten desplazarnos en sentido ascendente a través de estos cinco mundos. ¿Por qué 125? Porque tenemos 5 mundos con 5 *Partzufim* en cada uno de ellos, más 5 *Sefirot* (*Kéter-Máljut*) en cada *Partzuf*. Por lo tanto, 5 x 5 x 5 = 125. (Probablemente el lector ya habrá notado la gran relación que la Cabalá guarda con los números.)

Cabe señalar que nuestro mundo no cuenta como grado espiritual. Los grados comienzan por encima de nuestro mundo y van ascendiendo. *Asiyá* es el mundo espiritual más cercano a nuestro mundo y supone el punto de partida para el logro espiritual.

> **Cabalateca**
>
> Son dos los elementos que componen un grado espiritual: el deseo por algo y la intención de utilizarlo para complacer al Creador.

El avance desde un grado al siguiente tiene lugar únicamente cuando la persona ya ha experimentado la medida completa de deseo en el presente grado con intención de otorgar al Creador. Un grado superior se caracteriza por un deseo mayor y más intenso de dar ese placer al Creador.

El elemento más pequeño en espiritualidad recibe el nombre de *Sefirá*, porque, como ya dijimos, su brillo es como el de un zafiro. También, hemos mencionado que hay cinco *Sefirot* básicas: *Kéter*, *Jojmá*, *Biná*, *Zeir Anpin* y *Máljut*. Sin embargo, *Zeir Anpin* (*ZA*) está compuesto por seis *Sefirot* internas: *Jésed*, *Guevurá*, *Tiféret*, *Nétzaj*, *Hod* y *Yesod*. Entonces, ya sea que hablemos de las cinco *Sefirot* — *Kéter*, *Jojmá*, *Biná*, *ZA* y *Máljut*— o de las diez *Sefirot* —*Kéter*, *Jojmá*, *Biná*, *Jésed*, *Guevurá*, *Tiféret*, *Nétzaj*, *Hod*, *Yesod* y *Máljut*— estamos haciendo referencia a esa misma estructura básica de diez *Sefirot*.

Con cada cinco *Sefirot* se compone un *Partzuf* (rostro) y cinco *Partzufim* constituyen un *Olam* (mundo). Es interesante señalar que la palabra *Olam* deriva del vocablo hebreo *Ha'alama*, que significa «ocultación». Cuanto más elevado sea el *Olam*, menos *Ha'alama* (del Creador) encontramos. Por eso, al llegar a los Mundos Superiores, sabremos dónde nos encontramos, observando qué es lo que se encuentra a nuestro alrededor y comparándolo con nuestra «guía turística», los libros de Cabalá.

Uno de los mecanismos para este avance y desarrollo es el concepto de *Tzimtzum* (restricción) que antes mencionamos. Su funcionamiento es el siguiente: si tenemos un deseo por el objeto A y otro aún mucho más fuerte por el objeto B, entonces, nuestro deseo por el objeto A queda «*tzimtzumado*» (restringido). Por ejemplo, digamos que estamos muy cansados y queremos ir a dormir. Nos metemos bajo la cálida sábana y nos acurrucamos. De repente, alguien llama a la puerta y grita que hay un incendio, que debemos poner a salvo nuestra vida. Como es natural, el deseo de salvarnos es más fuerte que el deseo de dormir. En ese instante, el cansancio desaparece como si nunca hubiera existido. Aunque en realidad existe, y volveremos a sentirlo una vez que el peligro haya pasado, pero el deseo de vivir lo restringe y lo cubre por completo.

Volviendo al tema que nos ocupa, para pasar de un grado «x» al grado «x+1», necesitamos desear este grado «x+1» en una mayor medida que nuestro actual grado «x».

En *El estudio de las diez Sefirot*, Baal HaSulam dice que aunque *Máljut* (la *Sefirá* que representa nuestro futuro «yo») deseó intensamente recibir la Luz del Creador, no pudo hacerlo. *Máljut* no sabía cómo recibir esa Luz con intención de otorgar (recordemos el ejemplo del centro comercial al principio de este capítulo). Sin la intención de dar, se convertiría en algo distinto del Creador y, en consecuencia, se separaría de Él. Y puesto que *Máljut* no deseaba estar separada del Creador, restringió su deseo de recibir de tal modo que pudiera permanecer cerca del Él.

Por esta razón, lo primero que debemos aprender al entrar en el mundo espiritual es a restringir nuestros deseos egoístas. Si no lo logramos, las puertas de la espiritualidad permanecerán cerradas, y esto nos lleva a hablar de la barrera.

El quinto nivel y la barrera

El único propósito de todo lo que sucede en este mundo es llevarnos a cruzar la barrera que existe entre nuestro mundo y el espiritual. Una vez que la hemos atravesado, realmente comienza nuestro avance en la espiritualidad.

¿Cuál es el origen de esta barrera? Probablemente recordaremos que el contacto con el Creador sólo puede existir si nosotros, como Él, tenemos la intención de dar. Pero dado que fuimos creados sin la intención de ser otorgantes, nos encontramos separados de Él. Y esta separación es lo que se denomina «barrera», pues bloquea nuestro contacto directo con Él. La buena noticia es que uno puede cruzar esa barrera y conocer al Creador «cara a cara», lo único necesario es desear la intención de dar.

La Cabalá establece diversas divisiones. Una división hace referencia a las *Sefirot*, otra a los mundos, y otra más a los niveles de vitalidad. Por lo que la vida espiritual, al igual que la corporal, se encuentra dividida en cinco niveles de vitalidad:

1. Inanimado (inerte).
2. Vegetativo.
3. Animado (vivo).
4. Hablante (humano).
5. Espiritual (punto en el corazón).

Cada ser contiene estos cinco niveles, pero el nivel que predomina en cada uno de ellos determina su categoría. Los animales, por ejemplo, tienen algunas características que son típicamente humanas, como la habilidad de planear para el futuro, sin embargo no es este su rasgo más destacado. También los seres humanos poseen características animales, aunque con todo y con ello sigamos siendo esencialmente diferentes a los animales.

Lo que convierte a las personas en seres humanos, espiritualmente hablando, es su capacidad para experimentar un estado exclusivamente humano: el deseo de ser espiritual (como el Creador), el punto en el corazón. Este es el estado más elevado, el estado desde el que podemos cruzar la barrera hacia el reino espiritual.

Y alcanzar dicho estado requiere diferentes factores más allá de los cuatro primeros niveles de vitalidad, basados en factores biológicos. Los niveles 1-4 van evolucionando mediante presiones que ejerce la naturaleza y que impulsan la evolución de manera inconsciente.

Cabalateca

La evolución voluntaria y consciente en el nivel humano es lo que denominamos «libre albedrío». El libre albedrío nos hace similares al Creador porque elegimos ser como Él.

El inicio del ascenso

En el peldaño más bajo de la escalera espiritual, aquel por el que todos comenzamos, nos encontramos desconectados del Creador. Ahí, el desafío consiste en reavivar nuestro deseo por la espiritualidad y convertirlo en un vehículo que nos impulse a continuar ascendiendo por la escalera espiritual.

Todas las almas comenzaron siendo *una* con el Creador. En ese sentido, todos hemos ido desarrollándonos, renovándonos durante muchos miles de años. Dentro de la Cabalá en particular, los últimos 6.000 años han significado la culminación de este proceso. Y ahora, en una época en la que toda la humanidad va buscando la espiritualidad, este proceso se acerca a su fin. Vamos entonces a examinar dicho proceso espiritual y a comprobar cómo la Cabalá lo hace transitable.

Hacia un alma común

La Cabalá proporciona un método de corrección espiritual y detalla una ruta formada por 6.000 fases, a las que la literatura hace referencia como los «6.000 años». Tras su corrección completa, todas las almas se vuelven a unir en un alma común y comienzan a trabajar como un sistema unificado. La construcción de esta alma común une las almas entre sí de tal modo que cada una de ellas puede sentir lo que todas las demás sienten. Este es el logro del alcance absoluto, denominado el «Final de la Corrección».

Lo único necesario para embarcarnos en este viaje espiritual es el deseo de emprenderlo. No habrá ningún progreso espiritual en nosotros si no lo deseamos de antemano. En el plano espiritual, la evolución siempre debe ser consciente y voluntaria.

Preguntas tales como: «¿Por qué sufro?», «¿De dónde proviene el dolor y qué es lo que quiere de mí?», «¿Tiene sentido el sufrimiento?», «¿Todo esto vale la pena?» resultan útiles si esas dificultades nos llevan a plantearnos qué hacer para evolucionar. Y son incluso más útiles si logramos utilizarlas para acrecentar nuestro deseo por la espiritualidad. Cuando comenzamos a formularnos tales preguntas, es una señal certera de que hemos iniciado nuestro camino de ascenso por la escalera espiritual.

Subir la escalera

El deseo de alcanzar la espiritualidad es el primer paso para subir la escalera. Empezamos queriendo llenar este deseo, y es algo que conseguiremos por el simple hecho de pedirlo desde el corazón. Solicitar la espiritualidad se denomina «elevar *MAN*» (en arameo: *Mayin Nukvin*, agua femenina). A elevar el *MAN* se le llama también «plegaria». *MAN*, o el deseo de ser más espiritual, procede de dos fuentes: una es nuestra propia estructura espiritual, las *Reshimot*, reminiscencias inconscientes de estados pasados del alma. La segunda es el entorno (amigos, libros, películas, y todos los demás medios de comunicación), que va a intensificar y acelerar el *MAN* que evocan las *Reshimot*.

Desaciertos

El entorno puede estimularnos, pero también obstaculizarnos. Si nos rodeamos de personas, libros y medios que no aprecien la espiritualidad (es decir, el altruismo), tampoco nosotros vamos a sentir un deseo por ello. Una vez que nos situamos en el seno de cierta sociedad, no podemos elegir nuestros pensamientos: subconscientemente, los absorbemos del entorno. Sin embargo, el libre albedrío con el que sí contamos, estriba en el propio entorno. Escoger el ambiente correcto no sólo nos alejará o nos conducirá a la espiritualidad, sino que además determinará la velocidad a la que lo hagamos.

De regreso al futuro

Como recordará el lector, al principio de este capítulo mencionamos que la raíz en la parte superior de la escalera era el comienzo. Aunque pueda parecer una contradicción, es importante recordarlo, porque esto significa que nuestro interior contiene las semillas de la raíz, las semillas del Creador, por así decirlo.

Por consiguiente, la raíz es tanto el inicio del ciclo de la espiritualidad como nuestra meta final. Al haber «caído», todos nosotros buscamos volver a la cumbre, corregirnos. Y eso supone subir por la escalera espiritual desde el mundo terrenal hasta la raíz. Para comprender el proceso que nos llevará de regreso a nuestra raíz necesitamos conocer nuestra raíz y cómo descendimos desde allí (las *Reshimot*). ¿De qué otra manera podríamos saber hacia dónde regresar si, de algún modo, no hubiéramos estado allí? El surgimiento de nuevos deseos, de nuevas *Reshimot*, es indicador de nuestro progreso, señala la rapidez con la que estamos avanzando y si nos encontramos en la ruta más corta y adecuada. Con el tiempo todos llegaremos al final de la corrección, pero un correcto uso de las *Reshimot* puede ahorrarnos muchos problemas, tiempo y esfuerzo.

Cada vez que crece nuestro deseo por la espiritualidad, avanzamos en nuestro ascenso por la escalera. A medida que nos vamos haciendo más espirituales empleamos el último grado de espiritualidad para construir y alcanzar el siguiente grado. Siempre que aumenta nuestra necesidad, nuestro futuro grado espiritual responde elevándonos hacia él. Este ciclo va a repetirse, impulsándonos a hacernos cada vez más parecidos al Creador.

Una vez que examinamos todos nuestros deseos egoístas en el nivel también egoísta, llamado «este mundo», aparece un deseo nuevo y especial: nuestro primer deseo con una intención no egoísta. Y aunque se trata de una evolución natural en el surgimiento de los deseos (*Reshimot*), se trata de un evento tan crucial en la vida de un cabalista que recibe el nombre de «atravesar la barrera» o «admisión en el mundo espiritual».

Desaciertos

La Cabalá explica que el camino espiritual es algo predeterminado, pero esto no significa que no tengamos opciones o libre albedrío. Todos nos encontramos en el mismo sendero, pero el avance de cada uno será más rápido o más lento, más placentero o doloroso, dependiendo de cómo participemos en ello.

Aciertos

En Cabalá, tanto el grupo en conjunto como el individuo son tratados como uno y lo mismo. Lo que es bueno para todos es bueno para el individuo y viceversa. Por lo tanto, una sociedad negativa perjudica al individuo mientras que una sociedad positiva le beneficia.

Sea cual sea el estado en que se encuentre nuestra alma, la *Reshimó* (singular de *Reshimot*) está predeterminada. Es posible que nos urja llegar a ser conscientes de dicha *Reshimó*, una premura que proviene del interior. Pero si utilizamos el ambiente para fortalecer nuestro deseo y acelerar el desarrollo de la *Reshimó*, eso no sólo acortaría el período de desarrollo, sino que además elevaría la experiencia al nivel espiritual convirtiéndola en una emocionante aventura.

Todo lo que va, vuelve

La vida nos enseña que no podemos sobrevivir sin un determinado número de personas a nuestro alrededor que nos ayude a cubrir nuestras necesidades. Los humanos somos seres sociales y la sociedad es como una máquina en la que cada individuo es como una rueda sujeta a otras ruedas. Una sola rueda dentada es incapaz de moverse por sí sola. Sin embargo, puede participar en el movimiento de todas las demás ruedas y ayudar a la máquina a cumplir con su objetivo.

Si la rueda se rompe, el problema no es solo para la rueda, sino para toda la máquina en general, pues una rueda rota impide su funcionamiento. Resulta que no somos evaluados por qué o quiénes somos, sino por la clase de servicio que prestamos a la sociedad. Una «mala» persona lo es en la medida que causa daño al prójimo, no porque él o ella dejen de hacer algo a un nivel abstracto del concepto de bien.

Los atributos serán buenos o malos, y los actos serán beneficiosos o nocivos dependiendo del beneficio que reporten a las personas. Si parte del grupo no colabora en lo que le corresponde, estos individuos no sólo perjudicarán al colectivo, sino que ellos también saldrán perjudicados. Esta es la razón por la que una sociedad negativa resulta tan dañina para el individuo.

Asimismo, una buena sociedad será beneficiosa para el individuo. Los individuos forman parte del todo y el todo no vale más que la suma de todos sus individuos. En Cabalá, el colectivo y el individuo vienen a ser lo mismo.

Una de las ideas clave que debemos entender en esta sabiduría es que la gente llegará a comprender que su propio beneficio y el beneficio de todos es lo mismo. Cuando los seres humanos sean conscientes de esta idea, el mundo estará más cerca de su corrección definitiva.

La Cabalá explica que nuestras experiencias son personales, pero están descritas en unos términos generales aplicables a todos. Por ejemplo, todos estamos de acuerdo en que la sangre es roja cuando la observamos; sin embargo cada uno de nosotros lo experimenta de una manera muy distinta. Algunas personas se desmayan al ver sangre, otras expresan emoción y hay quienes sienten repulsión.

En pocas palabras

- En el ciclo espiritual, nuestras almas comenzaron siendo parecidas al Creador. Pero estas descendieron la escalera, y ahora debemos emprender el viaje ascendente de vuelta, el viaje que nos llevará a ser de nuevo como Él.

- Cruzar la barrera hacia el reino espiritual se consigue sólo mediante un deseo consciente de ser como el Creador.

- La Cabalá establece 6.000 años para que todas las almas alcancen la corrección, algo que puede ser vivido como un viaje placentero y emocionante o como una terrible experiencia.

- Si queremos alcanzar la espiritualidad, debemos escoger un ambiente favorable a la espiritualidad, formado por amigos, libros y todo tipo de medios.

- Todo viene determinado por las *Reshimot*, excepto nuestra elección del ambiente.

Capítulo 8

Preparando el escenario para el hombre

LO ESENCIAL

Los cinco mundos y el mundo sin fin.
El deseo del Creador al crearnos.
Adam *(Adán), Eva y su relación con el Creador.*
Muchas personas, un alma, una corrección.

Este capítulo constituye la parte medular de este libro, la esencia de la Cabalá. En él, vamos a centrarnos más en el individuo que está inmerso en el proceso y menos en los grados, mundos y *Partzufim*. Asimismo, el presente capítulo nos permitirá captar la esencia del viaje cabalístico hacia la espiritualidad y comprobaremos que la Cabalá brinda a la humanidad una corrección que puede beneficiar a todos.

Cinco mundos pero ninguno real

Tal como mencionamos en el capítulo 7, hay cinco mundos espirituales: *Adam Kadmón, Atzilut, Briá, Yetzirá* y *Asiyá*; aunque lo único real es el mundo de *Ein Sof* (sin fin). También explicamos que el término *Olam* (mundo) proviene de la palabra *Ha'alama* (ocultación). Por lo tanto, los mundos no son más que manifestaciones parciales del Creador. El único lugar donde Él se encuentra en revelación absoluta es el mundo de *Ein Sof*, el mundo sin fin. Y de ahí su nombre, *Ein Sof*: en él, no hay límites para la percepción del Creador.

Chispas espirituales

Todos los mundos, tanto Superiores como inferiores, se encuentran en nuestro interior.

Rabí Yehuda Ashlag, *Introducción al prefacio de la sabiduría de la Cabalá*

Los mundos superiores ejercen una influencia sobre los objetos en los mundos inferiores ya que, en esencia, todos los mundos son una misma realidad: la de *Ein Sof*. Por ejemplo, si pensamos en hacer algo y sabemos con certeza que ese pensamiento se convertirá en realidad, entonces, vamos a experimentar este plan como algo existente en nuestro interior, incluso antes de que dicho pensamiento se convierta en realidad. Nuestro cuerpo conoce bien este proceso: esta es por ejemplo la razón por la que el estómago produce jugos gástricos antes de que el alimento llegue a él. En ese sentido, el pensamiento de comer es un mundo superior que da origen a un mundo inferior donde tiene lugar el acto de comer. Sin embargo, en ambos mundos, el evento (la sustancia) es el mismo: comer. Y dado que nuestro pensamiento no tiene límites, podríamos decir que está en el mundo de *Ein Sof*, mientras que nuestro cuerpo se encuentra en uno de los mundos inferiores.

Debemos tener presente que, aunque la Cabalá nos habla exclusivamente sobre los mundos espirituales, suele emplear ejemplos físicos —como por ejemplo comer— para explicarlos. Y si bien los ejemplos se usan para entender *cómo* funcionan las cosas en la espiritualidad, no debemos caer en la confusión pensando que en la espiritualidad tiene lugar la acción física de comer (como en el ejemplo anterior).

En lo más alto de la escalera

Anteriormente, hemos definido la Cabalá como una secuencia de causas y efectos que descienden desde la raíz a la rama, y cuyo propósito es la revelación del Creador a las criaturas. Pero ¿cómo saben esto los cabalistas? Cuando alcanzan el punto más alto de la escalera espiritual, los cabalistas descubren dos cosas: que la creación está íntegramente hecha de un deseo de recibir placer y que el Creador está íntegramente hecho de un deseo de entrega a la creación.

Pero esto hace que surja otra pregunta: si el único deseo del Creador es dar, ¿de dónde proviene ese deseo de recibir por parte de la creación? Los cabalistas explican que el Creador *tuvo* que crearnos; de no haber sido así, no habría tenido a nadie a quien poder dar. Y ese es el punto de partida de la secuencia de raíces y ramas.

Desaciertos

Analizar lo que el Creador quiere es peligroso, porque puede llevarnos a pensar en Él, olvidándonos de nuestra propia corrección (que es precisamente lo que necesitamos si queremos llegar a ser como Él). Lo que los cabalistas descubren una vez que alcanzan el nivel del Creador no se encuentra escrito en ningún lado; sin embargo, al igual que ellos, podemos elevarnos hasta ese nivel y descubrirlo por nosotros mismos.

Igual pero opuesto

Al deseo de «hacer el bien a Sus criaturas» (nosotros), los cabalistas lo denominaron Pensamiento de la Creación. Teniendo esto presente, el aprendizaje de todo lo que concierne a la sabiduría de la Cabalá será tarea fácil.

Si yo deseo dar como el Creador, no hay nada que pueda limitarme, pues es imposible «bloquear» un deseo en el tiempo o el espacio. Por supuesto que nosotros, como personas, estamos limitados, ya que sólo queremos recibir, y este deseo puede ser tan ilimitado como el deseo de dar. En ese sentido, somos iguales al Creador pero opuestos: nuestra orientación está dirigida hacia la recepción, y la de Él hacia la entrega.

Otro elemento que se esclarece al comprender el Pensamiento de la Creación, es por qué hay que dar para crear. Cuando queremos dar, dirigimos nuestras miradas hacia el exterior buscando dónde hacer el bien. Pero cuando el deseo es recibir, nos centramos en nosotros mismos y sólo queremos tomar de lo que ya existe. Ahora echemos un vistazo a las etapas de la creación.

Breve historia de la creación

La historia de la creación comenzó con la raíz (Su deseo de hacer el bien a Sus criaturas) y se expandió en cuatro fases más. Este es el origen del Árbol de la Vida, su primera raíz. En la Fase 4, la creación se restringió a sí misma, llevó a cabo un *Tzimtzum*, y rechazó toda la Luz (placer) que el Creador quería darle. Tal acto parece contradecir al propio Pensamiento de la Creación, pero es un paso necesario para convertir a la creación en una entidad separada e independiente del Creador.

La fuerza por la que la creación deja de recibir Luz es un tipo de vergüenza muy especial llamada «el pan de la vergüenza». Los cabalistas explican que la vergüenza es la fuerza más poderosa que nos maneja.

Ahora, prepárese el lector, porque vamos a sumergirnos en las profundidades del corazón del hombre: el pan de la vergüenza es la madre de todas las vergüenzas. Es una experiencia sin igual en este mundo. Es una sensación tan ardiente que sólo existe una palabra que pueda describirla: infierno. Pero no hay por qué preocuparse, en la Cabalá nada malo llega sin una recompensa inmediatamente después.

La principal diferencia entre nuestra vergüenza (terrenal) y el pan de la vergüenza (espiritual) radica en que, en nuestro mundo, nos sentimos avergonzados por no poder alcanzar lo que demanda la sociedad, mientras que en la espiritualidad nos sentimos avergonzados por no poder alcanzar lo que demanda el Creador.

Imaginemos que, de repente, descubriéramos que todo el universo, desde antes del *Big Bang* y hasta el final de todos los tiempos, es amable, generoso, altruista. ¿Suena bien? Ahora imaginemos que también descubrimos que en todo ello existe un único elemento egoísta que desea utilizar todo lo que le rodea. Bien, ese elemento debería ser el diablo. Ahora imaginemos que descubrimos que este malvado diablo somos nosotros mismos. ¿Qué haríamos?

Por supuesto, a nadie le gusta lo más mínimo esta idea. Pero, para colmo, descubrimos que ese mal no habita en nuestro cuerpo, sino en nuestra alma, en nuestros deseos, por lo que, aunque alguien cometiese suicidio, seguiría siendo malvado. Ningún arma logrará poner fin a su alma.

Como es natural, al descubrir algo así, lo último que queremos es seguir siendo de ese modo y aparece un deseo por convertirnos en otorgantes, como el Creador. Y en el instante en que lo deseamos, lo logramos.

Ahora ya sabemos que el *Tzimtzum* no es una restricción impuesta sobre nosotros. Es el resultado de nuestro propio trabajo, del estudio de nuestra naturaleza. Es también una situación gratificante y placentera porque, por primera vez, se nos da la facultad de *ser* algo más. Podemos elegir no sólo entre dos opciones de este mundo, sino entre dos tipos de naturaleza completamente distintas. Si optamos por una, los sentidos nos mostrarán nuestro mundo; mientras que al optar por la otra, nuestros sentidos nos mostrarán el mundo espiritual. No obstante, podremos alternarlas sin ningún problema e incluso saltar de una a otra siempre que lo deseemos.

Sólo para nuestro deleite

En el capítulo 7, explicamos que los mundos en orden descendente son *Adam Kadmón, Atzilut, Briá, Yetzirá* y *Asiyá*. También dijimos que cada mundo está compuesto por cinco elementos interiores llamados *Partzufim*. Hablemos ahora de su estructura y cómo funcionan.

Una vez que la Fase 4, llamada *Máljut*, experimentó el pan de la vergüenza (su naturaleza opuesta a la del Creador), estableció una condición ante Él: «Si quieres que disfrute, dame la capacidad para hacerlo buscando Tu placer, no el mío, porque yo no disfruto siendo un egoísta». Y el Creador le dio un *Masaj*, la pantalla, para oponer resistencia a la entrada de la Luz. Acto seguido, le dijo a Él: «Gracias, pero ahora dame la capacidad de decidir entre lo que puedo recibir y lo que no. Me doy cuenta de que es imposible no recibir nada y a la vez pensar en deleitarte, así es que comencemos por pequeños fragmentos de Luz». Y Él también le dio esta capacidad.

Aciertos

No debemos permitir que todos estos nombres en Cabalá nos confundan: todos ellos hacen referencia o al otorgamiento o a la recepción. Creador, Luz, Otorgante, Pensamiento de la Creación, Fase Cero, Raíz, Fase Raíz, *Biná* y otros describen el deseo de otorgar. Criatura, *Kli*, receptores, Fase Uno, o *Máljut* son ejemplos del deseo de recibir. La razón para tantos nombres son las sutiles diferencias que existen en cada uno. Pero al final, todos ellos se refieren al otorgamiento o a la recepción.

Máljut comenzó a recibir la Luz en cinco categorías primarias. Del mismo modo que la luz visible está compuesta por tres colores básicos —rojo, verde y azul—, la Luz espiritual está compuesta por cinco Luces básicas: *Néfesh, Rúaj, Neshamá, Hayá, Yejidá. Néfesh* es la Luz más pequeña, *Yejidá* la más grande.

Una vez que *Máljut* recibe la capacidad de dividir la Luz en cinco secciones, comienza a recibir cada una de ellas pero, únicamente, en la medida que pueda hacerlo pensando en el Creador. Cada vez que *Máljut* recibe una Luz de esas cinco, construye un *Partzuf* especial para recibirla. De ese modo perfecciona su habilidad para sentir al Creador a un determinado nivel, explorando al máximo las cinco Luces y sin pensar en sí misma. Y dado que existen cinco Luces de ese tipo, cada mundo espiritual contiene cinco *Partzufim*.

Ahora comprendemos por qué cada una de esas fases es llamada *Olam* (mundo), es decir, ocultación. Hace alusión al nivel en que *Máljut* puede disfrutar del placer del Creador sin pensar en sí misma. Como es natural, cuanto más grande es el mundo, mayor es la capacidad de *Máljut* para disfrutar de la Luz del Creador. Y esa es, precisamente, la gran recompensa al alcanzar el mundo de *Ein Sof* (sin fin): no hay limitaciones en la recepción de los placeres del Creador.

Aciertos

La Cabalá atribuye un género a cada elemento espiritual: no es posible que un elemento sea neutro, sin embargo puede «oscilar» entre géneros. En términos generales, todo lo que otorga es considerado masculino, mientras que todo aquello que recibe es femenino. Por otro lado, cada entidad contiene elementos, tanto masculinos como femeninos, empleándolos según las necesidades. Así que, aunque todo posee un género de base, puede funcionar como el género opuesto si se presenta la necesidad.

Los trabajadores de la construcción

Los mundos espirituales cuentan con lo que podríamos llamar un mecanismo de enseñanza construido en su interior y pueden enseñarnos a orientar nuestro deseo de retribuir al Creador. Aunque funcionen, por así decirlo, con un «piloto automático» —es decir, desarrollándose como un proceso necesario de causa y efecto— el principio detrás de cada uno de ellos es: «yo no recibiré a menos que sea en beneficio del Creador». Cuando una persona entra en los mundos espirituales, lo que estos le enseñan es a pensar más en el Creador y menos en ella misma.

En ese sentido, la relación entre los mundos y la criatura es como la de un grupo de trabajadores de la construcción, que enseña a un aprendiz cómo debe hacer las cosas. Le explica cada tarea mediante una demostración. Poco a poco, las criaturas (nosotros) empezamos a «reparar nuestros deseos» y transformamos la recepción desde el Creador en un acto de otorgamiento.

Cabalateca

Los mundos superiores y los inferiores no hacen referencia a posiciones o lugares, sino a la cualidad de los deseos. Los deseos más elevados son, simplemente, más altruistas que los inferiores, que son más egoístas.

Adam (Adán) y Eva nacen... y caen

En el capítulo 7 dijimos que la última fase —y el deseo más grande— es conocer el Pensamiento de la Creación. Para llegar a comprenderlo, es necesario crear un *Partzuf* especial que existiría en un mundo, también especial, donde dicho *Partzuf* podría estudiar el Pensamiento de la Creación por elección propia. Así es como se formó el *Partzuf* de *Adam HaRishón*. Aunque *Adam HaRishón* no nació en nuestro mundo físico, fue rápidamente traído hasta aquí —o quizá deberíamos decir «se le dejó caer hasta aquí»— y se le dio el nombre de *Adam* (Adán) por la tarea que debía cumplir: ser *Domé* (similar) al Superior, el Creador.

Quizá el lector se pregunte dónde queda Eva en toda esta historia, pero sin duda ella está ahí. En Cabalá, *Adam* (Adán) y Eva son dos partes del mismo *Partzuf*. Cuando los cabalistas se refieren a la recepción en ese *Partzuf*, lo denominan Eva y cuando desean centrarse en sus capacidades de entrega, lo llaman *Adam*.

En la trampa del pecado

Adam nació en los mundos de *Briá*, *Yetzirá* y *Asiyá*, pero fueron ellos quienes, rápidamente, le elevaron a *Atzilut*, donde todos los deseos se encuentran corregidos y únicamente trabajan para dar al Creador. En el mundo de *Atzilut*, *Adam* trabajó (recibió) con deseos pequeños, con aquellos que tenía la certeza de poder usar altruistamente, con la intención de dar al Creador. Le fue indicado que podía hacer cualquier cosa, salvo comer del Árbol del Conocimiento, el cual representaba los deseos más fuertes: aquellos que *Adam* no podría usar con la intención de dar al Creador.

En ese momento, *Adam* era considerado alguien sagrado, un santo. Sin embargo, no tenía conciencia de sus propios deseos no corregidos. Ignoraba que fue situado en el Jardín del Edén y que se le permitió trabajar con sus deseos pequeños sólo a modo de prueba, para entender cómo debía trabajar con sus deseos más burdos. Y cuando estos aparecieron por primera vez, no supo manejarlos y pecó.

Cuando por fin *Adam* decidió recibir con intención de dar al Creador, no fue capaz y, en vez de ello, deseó recibir para sí mismo. Descubrió entonces que en esos deseos era un completo egoísta y esta vergüenza (este pan de la vergüenza) le hizo querer cubrirse. En términos cabalísticos, *Adam* aprendió que estaba desnudo, desprovisto de *Masaj* (pantalla) para tapar sus deseos (egoístas) al descubierto.

Pero la espiritualidad es un mecanismo a prueba de fallos. En el momento en que se desencadena una corrección, es imposible no cumplirla. A consecuencia del error cometido por *Adam*, volvió a establecerse el *Tzimtzum* y toda la Luz abandonó el *Partzuf Adam HaRishón*, dejando a *Adam* (Adán) y Eva fuera del Jardín del Edén. Sin embargo, no se quedaron totalmente solos: tenían sus recuerdos (*Reshimot*) del estado corregido y las *Reshimot* de su egoísmo. Estos dos malos recuerdos en apariencia son, en realidad, las más valiosas herramientas para cualquier persona que desee descubrir al Creador y corregir la relación que una vez existió entre *Adam* y Él.

El pecado. La salida del mal

Si tenemos en cuenta la versión cabalística, la historia del pecado original tiene un par de recovecos que, posiblemente, no conozcamos. *Adam* recibió la instrucción de no comer del Árbol del Conocimiento, para que no se viera atrapado en deseos que no podía manejar. Pero Eva, la parte femenina en su interior, le convenció de que si comía podría dar más al Creador que no haciéndolo. Eva también estaba en lo cierto porque al comer *Adam* utilizaría deseos más grandes de recibir con el fin de otorgar al Creador. Pero lo que ella no sabía era que, para dar al Creador con deseos tan intensos, necesitamos contar con un *Masaj* muy fuerte para poder manejarlos. Y *Adam* carecía de ello. Puede que el lector se esté formulando una serie de preguntas muy razonables: «¿Por qué el Creador no le dijo a *Adam* que sería incapaz de controlar tales deseos? ¿Acaso Él quería que se equivocara? ¿Qué misericordioso Creador dejaría que su creación sufriera?».

Desaciertos

Este es un buen momento para recordar que todo lo que describe *La Torá* (los cinco libros de Moisés) y la Cabalá tiene lugar en los mundos espirituales, no en nuestro mundo.

Para entender por qué el Creador actuó así con *Adam*, debemos recordar el Pensamiento de la Creación. Para que *Adam* aprendiera acerca de sus propios deseos, el Creador tuvo que mostrárselos. ¿Acaso hay otra manera de mostrar a alguien un deseo que dejándole experimentar lo que se siente con ese deseo?

Desde el punto de vista del Creador, el pecado de *Adam* no causó ningún daño, pues desde Su perspectiva sólo se trata de un paso más, dirigido a que la creación aprenda a recibir todo lo que Él desea dar. El mayor regalo que el Creador puede hacernos es Su pensamiento, y eso es lo que Él quiso mostrarnos. Ahora que tenemos este recuerdo en nuestras *Reshimot*, podemos empezar a corregirnos y aprender a recibir todo lo que Él nos da.

Pequeñas monedas de oro

El primer paso para la corrección del alma de *Adam* fue dividirla en piezas «digeribles», pequeños fragmentos de deseo que no fueran tan difíciles de corregir. Y es por esto que su alma quedó fragmentada en 600.000 pedazos. Aunque la ruptura y la escisión continuaron, hoy tenemos tantas partes de su alma como personas habitan la Tierra. Sí, el lector ha entendido bien: todos nosotros somos partes de una sola alma y en la tercera parte de este libro nos ocuparemos de los aspectos prácticos de este hecho.

La fragmentación tuvo lugar de la siguiente manera: cuando todos los deseos en *Adam HaRishón* compartían la intención de otorgar al Creador, estaban unidos como uno solo. Pero cuando la intención tras esos deseos pasó a ser la búsqueda de autogratificación, cada deseo se sintió separado de los demás, y el alma única se dividió. Por lo tanto, todas las almas no son más que una prolongación de un alma general: *Adam HaRishón* (cuya traducción literal es «el primer hombre»).

Pinceladas

Cuanto más egoístas nos hacemos, más difícil es corregir cada fragmento de alma y, por consiguiente, más debemos fragmentarnos y aumentar en número.

A continuación, reproducimos una alegoría de Baal HaSulam que explica este principio de fragmentación: un rey necesitaba enviar una gran cantidad de monedas de oro a su hijo que vivía en el exterior. No tenía mensajeros a quienes poder confiar esa gran suma, de manera que dividió las monedas de oro en céntimos y los fue enviando a través de varios mensajeros. Cada uno de esos mensajeros pensó que no valía la pena robar un botín tan insignificante y todos entregaron las monedas. Una vez que los céntimos llegaron a su destino, todos volvieron a ser reunidos alcanzando la gran suma original.

Del mismo modo, con el transcurso del tiempo, un gran número de almas pueden redimir los fragmentos tras el incidente de la manzana. Todas las piezas se unen para completar, con éxito, la tarea original de recibir toda la Luz y poder otorgarla al Creador. Nuestra tarea consiste en corregir los fragmentos individuales, las raíces de nuestras propias almas.

En pocas palabras

- Hay cinco mundos: *Adam Kadmón, Atzilut, Briá, Yetzirá* y *Asiyá*, pero el único mundo real es *Ein Sof.*
- Nuestros deseos son tan fuertes como los del Creador, pero nuestras intenciones son opuestas a las de Él.
- *Adam* (Adán) y Eva tuvieron que caer en la trampa del pecado.
- *Adam* nació en los mundos de *Briá, Yetzirá* y *Asiyá*, creció en *Atzilut*, para caer poco después a nuestro mundo.
- Eva es la parte femenina del *Partzuf Adam HaRishón.*
- Todas las personas son fragmentos del alma común de *Adam HaRishón.*

Capítulo 9

Descifrando el lenguaje de la Cabalá

Lo esencial

Todo consiste en fuerzas.
Entendiendo el Lenguaje de las Ramas.
Nuevos significados para viejas historias.
Desmitificando el lenguaje de El Zohar.

Para comprender los textos de Cabalá, debemos entender el lenguaje en que están escritos. Eso no significa que tengamos que aprender hebreo, pero sí debemos comprender la manera en que los textos cabalísticos hacen uso de las historias para presentar conceptos. Las historias, acerca de la gente y el mundo, se convierten en metáforas sobre las ideas y nociones de los Mundos Superiores.

El lenguaje de la Cabalá describe cómo actúan las fuerzas de los Mundos Superiores sobre los objetos de este mundo, y las historias e ideas en relación a ellos nos revelan la estructura del universo. Viéndolo de ese modo, los relatos que hacen referencia a este mundo —como las historias de la Biblia, por ejemplo— cobran un nuevo significado.

En este capítulo, aprenderemos a descifrar los conocimientos de la Cabalá. Comprobaremos que las raíces y ramas del lenguaje cabalístico en las distintas historias encierran muchos más detalles de lo que creen ver nuestros ojos.

Como raíces y ramas

Ya explicamos en los capítulos 7 y 8 que los mundos nacen a partir de una serie de causas y efectos. En concreto, las «raíces" representan las fuerzas espirituales que dan origen a nuestro mundo y a las gentes que habitan en él. Dichas fuerzas existen en los mundos espirituales, más allá de la corporalidad, pero influyen y operan en nuestro mundo.

Las raíces son como un gran número de dedos invisibles que presionan y pellizcan un bloque de arcilla —nuestra existencia— dándole una determinada forma. Estas fuerzas espirituales (o raíces) dan forma a la existencia guiando unos objetos a los que denominamos «ramas». Las ramas están presentes en este mundo y, por lo tanto, tienen una existencia material. Es más, todos los objetos en este mundo son la rama de alguna raíz espiritual, incluidos nosotros también.

Como los propios nombres indican, ramas y raíces están conectadas. Pensemos en un árbol: vemos sus ramas pero no las raíces, aunque no hay duda de que ambas están conectadas.

Ningún árbol o planta puede existir sin sus raíces, todo lo que ocurre en ellas tiene su reflejo en la planta. Si las raíces no reciben suficiente agua, la planta se marchita; si a las raíces se les añade fertilizante, la planta crece robusta.

Cabalateca

En Cabalá, toda causa es considerada una raíz, y toda consecuencia de dicha causa se considera una rama. A menudo, las raíces también se denominan «padres», y las ramas «hijos». El concepto clave en Cabalá es que todo lo que ocurre en las raíces sucederá también en las ramas.

En el capítulo 8 mencionamos que los elementos de todos los mundos son iguales. Dijimos que la única diferencia entre ellos radica en el nivel espiritual de dichos elementos: los mundos superiores contienen más elementos y eventos altruistas. Sin duda, los objetos de cada mundo se relacionan con los objetos que se encuentran por encima o por debajo de ellos. Las fuerzas de un determinado objeto aparecerán en el siguiente —aunque bajo una nueva forma— y así, sucesivamente. Y el nivel más elevado (la Raíz o Fuente) es quien crea y controla los acontecimientos a través de todos los mundos hacia abajo, hasta llegar a «las ramas» de nuestro mundo.

Igual pero opuesto

Para indicar la diferencia a nivel cualitativo de una sustancia, en cada uno de los mundos, los mismos elementos en cada mundo reciben un nombre diferente. El Mundo Superior, por ejemplo, contiene ángeles, mientras que el nuestro contiene animales. Esto no significa que los animales sean ángeles. Pero volviendo al concepto de «mundo dentro de un mundo» que vimos en el capítulo anterior, recordaremos que cada elemento de la realidad incluye cinco niveles: 0-4. En el mundo espiritual, el nivel 3 de deseo de recibir se denomina «ángeles», mientras que ese mismo nivel en el mundo físico recibe el nombre de «animales».

La correspondencia entre el sistema superior y el inferior puede compararse con un objeto al que sumergimos en cera, arena, yeso, cemento o masa. El resultado final será diferente porque las sustancias son distintas, pero la forma seguirá siendo la misma. Aunque el comportamiento de cada material y su calidad sean diferentes, la figura final seguirá asemejándose a la estructura que le dio forma.

Pinceladas

La Cabalá explica que, al final de la corrección, cuando todos nuestros deseos estén corregidos, hasta el ángel de la muerte se convertirá en un ángel santo. Eso significa que, una vez corregidos, nos daremos cuenta de que todas las fuerzas que considerábamos malignas son buenas en realidad. Lo que ocurre es que se presentan bajo una forma negativa para impulsarnos a la corrección.

Pero la materia es siempre opuesta a la forma. Si hacemos presión sobre la arena con una tabla que tenga una especie de cúpula en el medio, obtendremos una superficie plana con un pequeño cráter en el centro. De manera análoga, el Creador es la forma y nosotros somos la materia. Él es el otorgante, nosotros los receptores.

Como ocurre con la cúpula y el cráter, nuestro deseo de recibir es, exactamente, el negativo de Su deseo de dar, contiene todos los elementos que existen en Él, pero de manera opuesta: lo que en Él es bueno, es malo en nosotros. Y dado que Él sólo sabe ser bueno... en fin, seguro que el lector lo ha averiguado por sí solo.

El significado oculto de la Biblia

La Biblia (o *Torá*) es sublime y espiritual pero, francamente, puede resultar muy extensa desde el punto de vista histórico, con toda esa lista de relaciones y acontecimientos que en ella se mencionan. En la Biblia leemos acerca de personas que se casan, se divorcian, que engañan uno a otro, o que se matan entre sí. Por lo que podríamos hacer una pregunta bastante razonable: ¿qué tiene de espiritual todo eso?

Desde la perspectiva cabalística, la Biblia no relata la historia de una serie de personas, sino que nos muestra las relaciones entre las fuerzas espirituales.

La Biblia nos explica el proceso de corrección de las almas a través de las fuerzas superiores; es decir, la trayectoria de ascenso de las almas a medida que van aumentando su capacidad de otorgamiento. Personajes como *Adam*, Noé o Abraham no fueron concebidos como personas que habitaron algún lugar y que deambularon (e incluso flotaron) por aquí y por allá. Son considerados fuerzas que operan sobre los deseos que albergamos en nuestro interior y que deben ser corregidos. Por ejemplo, la historia del éxodo de los esclavos hebreos de Egipto, no representa la libertad de su cautiverio físico, sino la adquisición del primer *Masaj* (pantalla), el atravesar la barrera.

Chispas espirituales

Primero debemos saber que, al tratar asuntos espirituales que no tienen relación con tiempo, espacio y movimiento, y en especial, cuando abordamos el tema de la Divinidad, no hay palabras que sirvan para expresarlo o pensar en ello... Y por tal motivo, los sabios de la Cabalá han optado por un lenguaje especial al que podemos denominar «el lenguaje de las ramas».

Baal HaSulam, *El estudio de las diez Sefirot*

Pudiera parecer que algunas de las historias carecen de sentido o santidad. Pero al leerlas, debemos recordar que no se trata de eventos, sino que se describen fuerzas y no deben ser entendidas ni justificadas en términos terrenales.

Detrás del monitor

El Lenguaje de las Ramas es la expresión de las fuerzas superiores que operan en nuestro mundo. Y esta expresión queda reflejada en todos los sujetos, los objetos, los sucesos. Pero ¿de dónde provienen? Es algo así como el monitor de un ordenador: si echásemos un vistazo detrás del monitor, no encontraríamos ninguna imagen, simplemente veríamos el sistema electrónico que la hace posible.

Imaginemos que aparece una imagen en ese monitor, una playa. Obviamente, detrás de la pantalla no hay ninguna playa, sino un conjunto de impulsos eléctricos, fuerzas y energías que dan lugar a esa imagen en pantalla. La imagen es la «rama», mientras que las fuerzas eléctricas que dan lugar a dicha imagen son las «raíces». La conexión que tenemos con las fuerzas eléctricas (raíz), a través de la imagen (rama), es lo que denominamos el Lenguaje de las Ramas.

Chispas espirituales

No hay ni una sola brizna de hierba sin un ángel que, desde Arriba, la acaricie y le diga «crece».

Midrash Rabá

A continuación, veremos algunas de las historias bíblicas expresadas en el Lenguaje de las Ramas.

La historia de la manzana

Hablemos sobre la historia bíblica de la creación. El deseo de recibir en esa alma general (nosotros) se denomina «Eva», mientras que el deseo de otorgar, de dar, se llama *«Adam»*. El egoísmo, el deseo de recibir con la intención de recibir, se denomina «la serpiente», aunque nosotros lo llamamos «ego». El ego desea controlar todos nuestros deseos y llevarnos a su terreno, el egoísmo. Esto significa que la serpiente se acercó hasta Eva —el deseo de recibir— y le dijo: «¿Sabes? Puedes usar tu deseo de recibir de una manera muy buena». Y, a continuación, Eva buscó a *Adam* (Adán) —el deseo de otorgar— y le dijo: «¿Sabes? Se nos presenta una oportunidad para ascender a mundos más elevados. Además, es precisamente lo que el Creador quiere. Por eso nos hizo receptores».

Y ella comió. El deseo de recibir, junto a la serpiente (el egoísmo), mordieron la manzana. Y puesto que les gustó, pensaron: «¿Por qué no hacemos que *Adam* (la fuerza de otorgamiento) haga lo mismo?». Así sucedió. Como consecuencia, todo el cuerpo de *Adam HaRishón* (el alma general) —todos sus deseos— quedó corrompido con la intención de recibir de la serpiente lo que tradicionalmente hemos denominado «pecado original».

Abraham, entre Egipto e Israel

Abraham nació en Mesopotamia (el actual Irak), emigró a Israel para luego, a raíz de una hambruna, bajar a Egipto. Sin embargo, su viaje encierra un significado espiritual porque esos lugares, en realidad, son grados o fuerzas y lo que relatan es la historia de cómo corrigió su deseo.

Mesopotamia es el punto de partida, donde los deseos de Abraham eran egoístas como los nuestros. La tierra de Israel, también llamada «los deseos de otorgamiento», representa el deseo de dar. A Egipto se le denomina *Máljut*, el deseo de recibir, compuesto de deseos egoístas, y con el faraón como paradigma del egoísmo.

Pinceladas

En Cabalá, Israel no se entiende como una porción de tierra. Su nombre proviene de dos palabras: *Yashar* (directo), *El* (Dios, Creador). Por lo tanto, a ojos de un cabalista, cualquier persona con un fuerte deseo de ser como el Creador, es considerado parte de Israel.

Cuando *Abram* alcanzó por primera vez la corrección, cambió su nombre por el de Abraham, que se desglosa en *Av* (padre) y *HaAm* (la nación o los grandes deseos de recibir que emergieron en él). Para poder reconciliar unos deseos y otros, contaba con un anhelo de dar que garantizaba que todos ellos serían finalmente corregidos.

Cada vez que en Abraham aumentaba el deseo de otorgar, se trasladaba a Israel, y cuando lo que crecía era su deseo de recibir, se marchaba a Egipto. Esta es también la razón por la que emigrar a Israel se considera un ascenso y la emigración a Egipto un descenso.

El deseo de dar carece de fuerza en sí mismo: únicamente podemos otorgar al Creador si hemos recibido de Él. Por eso, Abraham se preguntó: «¿Cómo puedo saber que alcanzaré el mismo nivel de otorgamiento que el Creador?». Abraham no podía recibir porque se encontraba en un estado de dar. El Creador colocó sus semillas en Egipto y le dijo que recibiría el deseo de recibir en toda su medida. Abraham se sintió complacido. Después del exilio, una vez que el pueblo se hubo mezclado con los egipcios y absorbido sus deseos, quedó corregido: sabía recibir con el fin de otorgar. Y este es el proceso de alcance que vale para todos, el que nos llevará al final de la corrección.

La Biblia nos cuenta que Abraham bajó a Egipto a consecuencia de una hambruna. Sin embargo, dicha hambruna era de carácter espiritual: él quería dar, pero no tenía nada con que hacerlo. Para Abraham, una situación sin posibilidad de otorgar recibía el nombre de hambruna, una ausencia de deseos de recibir. Cuando una persona va adquiriendo gradualmente un mayor deseo de recibir, decimos que se encuentra en el exilio de Egipto. Y al salir de ese estado, después de haber engrosado la sustancia de nuestras vasijas de recepción, es cuando podemos empezar a corregirlas para que trabajen con el fin de otorgar.

El tira y afloja de Moisés con el faraón

La siguiente historia clave que aparece en la Biblia —siempre desde la perspectiva cabalística— es la historia de Moisés. El hecho de que el faraón esclavizara a los judíos encierra un significado mucho más profundo que el de un simple suceso histórico.

El faraón soñó con 7 años de prosperidad, seguidos de 7 años de escasez. La riqueza representa el momento en que uno descubre, por primera vez, un gran deseo por la espiritualidad y siente gran alegría. Ocurre así porque creemos poder alcanzar la espiritualidad utilizando nuestro ego. Estamos dispuestos a leer, a aprender, a hacer todo tipo de cosas. La escasez sobreviene cuando vemos que no podremos alcanzar la espiritualidad, a menos que reconozcamos nuestro ego y consigamos el atributo de dar. No obstante, aunque realmente lo deseemos, somos incapaces de dar. Nos encontramos atrapados. Y precisamente eso es Egipto.

Para provocar el cambio, es preciso que nuestro «faraón», es decir, nuestro ego, crezca. De ese modo nos mostrará los aspectos negativos de nuestro estado actual, y eso nos hará desear escapar, huir hacia la espiritualidad. Sentimos el deseo de tomar ese camino, a pesar de no encontrar nada que lo haga interesante o atractivo: pero, cuando do el ego revela lo nefasto que es, el deseo es cambiar.

El nombre Moisés deriva de la palabra *Moshej* (tirar de), esto es, el que nos saca de Egipto. La palabra «Mesías» también deriva de ese mismo término. Moisés es un sentimiento interior que se rebela en contra del ego y le dice a la persona: «Es realmente importante que abandonemos este lugar». La gran fuerza que empuja es el faraón. La pequeña fuerza que tira de nosotros es Moisés. Y este forcejeo supone el comienzo de nuestra espiritualidad, *el punto en el corazón*.

La historia de Esther (con el clásico final feliz)

Esta historia describe la corrección final del deseo de recibir, que es llamado Amán. Mordejay (el deseo de otorgar) y Amán comparten un mismo caballo. Amán monta primero y, a continuación, Amán deja montar a Mordejay, mientras él camina llevando las riendas del caballo. Esto nos muestra que, al final, el deseo de recibir acabará rindiéndose ante nuestro deseo de otorgar, y le cederá las riendas.

Esther —de la palabra hebrea *Hester*, ocultación— es el Reino del Cielo, que está oculto. Ella se encuentra escondida junto a *Ajashverosh*, el Creador, que en principio no es ni bueno ni malo. La persona que experimenta esto no sabe quién está en lo cierto, ni si el Creador es bueno o malo.

Esther, además, pertenece a la familia de Mordejay, el deseo de otorgar. Mordejay al igual que Moisés (aunque a un nivel espiritual diferente) es el punto de *Biná* en el alma de la persona, el punto que le empuja hacia la Luz.

Cuando el deseo de dar aparece, a menudo no se percibe de inmediato. A veces, está oculto como la reina Esther. Puede, incluso, que no sepamos si la acción consiste realmente en un acto de otorgamiento, pero si es Mordejay quien monta el caballo, el deseo de recibir tendrá oportunidad de corregirse.

Pinceladas

La fiesta más alegre en el calendario hebreo es *Púrim*, momento en que es tradición narrar la historia de Amán y Mordejay. Esta fiesta simboliza el final de la corrección y la costumbre permite la bebida hasta que no pueda distinguirse entre Amán y Mordejay, entre el egoísmo y el altruismo. Y la razón es que, al final de la corrección, todos los deseos estarán corregidos, trabajando exclusivamente para deleitar al Creador: así es que no tendrá importancia, si nos ocupamos de unos deseos u otros, todos llevarán intención de dar.

El Zohar, no sin un alcance

Todo lo que trata *El Zohar* está relacionado con las diez *Sefirot* — *Kéter, Jojmá, Biná, Jésed, Guevurá, Tiféret, Nétzaj, Hod, Yesod, Máljut*— y sus interacciones. Para un cabalista, las relaciones entre ellas, así como sus diferentes combinaciones, son suficientes para revelar todos los mundos espirituales.

El rabí Shimon Bar Yojay (Rashbi), autor de *El Zohar*, tenía un gran problema. Sufría un dilema sobre la mejor manera de transmitir el conocimiento cabalístico a las generaciones futuras. No quería revelar el contenido de *El Libro del Zohar*, pues temía que fuera motivo de confusión y que apartara a las gentes del camino verdadero.

Buscando evitar estos problemas, depositó su confianza en el rabí Aba —que tenía el don de escribir de manera que sólo los merecedores lograran entender sus escritos— y dejó en sus manos la redacción del texto. Dado el lenguaje especial de *El Zohar*, sólo aquellos que *ya* se encuentran en la escalera que recorre los grados espirituales entienden lo que en él está escrito. *El Zohar* es únicamente para aquellos que ya han atravesado la barrera y han adquirido un cierto nivel espiritual. Son ellos quienes pueden entender este libro, en consonancia con su grado espiritual.

Actualmente, la gran mayoría de las almas son demasiado materialistas para comprender *El Zohar*, y necesitan herramientas que primero las lleven al «ámbito» espiritual. Es como un transbordador espacial, que requiere de un gran impulso antes de poder continuar con su propio motor. Un ambiente favorable, un maestro, y los libros adecuados son los que dan ese «impulso» a nuestra comprensión de lo espiritual.

Hay diferentes estilos de escritura en *El Zohar*. Y es que fue redactado empleando diversos lenguajes según el modo en que desearan expresar los distintos estados espirituales. A veces, estos lenguajes crean confusión. Por ejemplo, cuando el libro habla acerca de leyes, alguien puede pensar que *El Zohar* da lecciones de moral. O, cuando relata historias, la gente puede interpretarlas a modo de fábulas. Sin cierto alcance espiritual, resulta difícil comprender de qué habla *El Zohar* en realidad.

Parte de este libro está escrito en el lenguaje de la Cabalá, pero hay otros fragmentos escritos en el lenguaje de leyendas. A continuación, dos ejemplos sobre ello.

El arriero de asnos

El Zohar incluye una bella historia acerca de un arriero, un hombre que arrea los asnos de gentes importantes para que puedan caminar sin preocupaciones y hablar sobre sus asuntos. Pero este arriero de asnos en *El Zohar* en realidad simboliza una fuerza que ayuda a toda persona que ya cuenta con un alma.

En la historia, dos hombres hablan sobre asuntos espirituales mientras viajan de un lugar a otro. Cada vez que se presenta un dilema que no logran resolver, el arriero de asnos, «milagrosamente», les proporciona la respuesta. A medida que avanzan (gracias a las respuestas del arriero), descubren que su humilde mulero es, en realidad, un ángel enviado desde el cielo con intención de ayudarles en su desarrollo. Una vez que han llegado al grado final, descubren que su arriero ya está allí esperándoles.

La interpretación cabalística habla del asno como nuestro deseo de recibir, el egoísmo. Y todos tenemos un arriero que está esperando nuestra llegada al mundo espiritual para poder guiarnos. Pero tal como cuenta esta leyenda, sólo descubriremos quién es realmente el arriero cuando alcancemos su grado, al final de la corrección.

La noche de la novia

Antes de llegar al final de la corrección, hay un estado especial denominado «la noche de la novia». La historia recogida en *El Zohar* nos relata los preparativos de una novia de cara a su ceremonia nupcial. En este caso, la novia representa el conjunto de todas las almas, es un *Kli* que está listo para unirse al Creador.

Cuando alcanzamos dicho estado, sentimos que nuestro *Kli* se encuentra preparado, dispuesto a una unión espiritual. El novio es el Creador, y se le llama «noche» porque la *Dvekut* (unidad) no es visible todavía y la Luz aún no brilla en las vasijas. «Noche» significa que las vasijas siguen sintiendo oscuridad, una ausencia de unidad.

Cuando la noche se hace día, llega la promesa de abundancia del final de la corrección. Sin embargo *El Zohar* no entra a precisar por qué esto supone algo bueno para nosotros, simplemente nos dice que conlleva Luz, paz y plenitud.

El comienzo de la última generación

El Ari y la composición de la obra *El árbol de la vida* marcan el comienzo de la última fase dentro de la evolución de las almas. El Ari señala que la suya ya es la última generación. Y es que, desde su época, la sabiduría de la Cabalá comienza a salir de su ocultación en un proceso que va a prolongarse durante varios siglos. Es, precisamente, con el Ari con quien se inicia este proceso *cualitativo*.

Los escritores cabalistas pueden percibir que su etapa es la última antes de llegar a la corrección, pues saben que solo es necesario un pequeño *MAN* (ruego para la corrección) para poder revelarlo todo y poner así, fin a los problemas del mundo. Solo nos falta una fracción de centímetro para establecer el contacto, pero salvar esta pequeña brecha es algo que depende de nosotros. De ahí que los cabalistas deseen divulgar sus conocimientos para que un mayor número de almas puedan ser corregidas. Sienten que nos encontramos muy cerca de completar nuestra corrección.

El estudio de las diez Sefirot

Las palabras del rabí Shimon Bar Yojay fueron recogidas en *El libro del Zohar* por el rabí Aba, su discípulo, y las palabras del Ari quedaron registradas gracias a su discípulo, Jaim Vital. Pero, a diferencia de sus antecesores espirituales, el rabí Yehuda Ashlag —conocido como Baal HaSulam (dueño de la escalera) por su comentario *Sulam* (escalera) sobre *El libro del Zohar*— escribió sus obras de su propio puño y letra.

El «buque insignia» de sus textos es un comentario sobre los escritos del Ari, conocido como *Talmud Éser Sefirot* (El estudio de las diez Sefirot). En los seis volúmenes y las más de 2.000 páginas, Baal HaSulam explica a esas almas de los siglos XX y XXI, todo lo que el Ari quiso transmitir cuando compuso *El árbol de la vida*. Baal HaSulam escribió su libro pensando en aquellos que exclusivamente desean la espiritualidad. Es en su *Introducción al estudio de las diez Se-firot* donde explica que el texto va dirigido a todos aquellos que se preguntan: «¿Cuál es el sentido de la vida?».

EN POCAS PALABRAS

- Todo lo que existe en este mundo no son más que ramas de raíces que provienen del mundo espiritual.

- La Biblia está escrita en el Lenguaje de las Ramas, empleando nombres y términos corpóreos para describir procesos espirituales.

- Las historias de la Biblia y *El Zohar* no tratan sobre personas, sino sobre fuerzas que actúan sobre las almas.

- El libro escrito pensando en nuestra corrección es *El estudio de las diez Sefirot*, y su autor es Baal Ha-Sulam.

Capítulo 10

Cuando letras y palabras cobran sentido

LO ESENCIAL

Familiarizándonos con números,
letras y palabras en hebreo.
La conexión Creador-creación-deseo.
El modo en que números, palabras y letras
reflejan nuestra propia corrección.

El idioma hebreo y su escritura es resultado directo de una comunicación con los Mundos Superiores. Tanto las distintas combinaciones entre letras, como los trazos de tinta que les dan forma, están impregnados de sabiduría espiritual.

Además, letras, palabras y números son tres cosas independientes que en Cabalá van a estar estrechamente relacionadas. Comprender la relación entre estos tres elementos conferirá un mayor significado espiritual a cada uno de ellos. Cada letra, cada palabra, encierra su propia historia espiritual. Empecemos a describirlas.

Los vínculos entre letras, palabras y números

En hebreo, cada letra se corresponde con una cifra, por lo que todo nombre o palabra puede convertirse en una serie de números. Los números pueden contabilizarse uno por uno o en conjunto. El hecho de que algunas palabras contengan o den como resultado una misma cifra numérica encierra un significado: en este caso, las palabras están profundamente relacionadas pudiendo, incluso, llegar a una relación de equivalencia total.

Las letras son el resultado de sensaciones espirituales; no en vano, la dirección que toman los trazos y la forma de cada letra encierran un significado espiritual.

Por ello, las letras hebreas son, además, como una especie de código para cifrar las sensaciones que el autor recibe del Creador. Cada vez que una letra o palabra queda reflejada sobre el papel, nos revela la percepción —consciente o inconsciente— del Creador por parte del autor. A medida que se escriben, el Creador va actuando sobre ellas.

Asimismo, el color en la escritura nos aporta datos sobre la estrecha relación entre creación (la tinta negra) y Creador (el fondo blanco del papel). Sin estos dos elementos, sería imposible comprender la escritura, ni tampoco la historia de la creación y lo que significa para nosotros.

Un mapa de la espiritualidad

La Torá, lo que los cristianos denominan «Antiguo Testamento», es el texto más importante del judaísmo. Sin embargo, también está considerado como un texto cabalístico, pues sus letras contienen y revelan toda la información que emana del Creador. Existen dos tipos básicos de trazos en las letras hebreas: los verticales que representan la Luz de la sabiduría o placer y los horizontales que simbolizan la Luz de la misericordia o corrección.

Asimismo, podemos encontrar líneas diagonales o circulares que encierran distintos significados en cada letra, pero esto supondría profundizar demasiado y no es este el cometido de nuestro libro.

Los diferentes códigos tienen su origen en los cambios de la Luz, a medida que esta va desarrollando nuestro *Kli* (deseo). La Luz expande nuestro deseo. Cuando ella entra en el *Kli*, se llama *Taamim* (sabores), y cuando lo abandona recibe el nombre de *Nekudot* (puntos). El recuerdo de la Luz al entrar es llamado *Taguin* (coronas), mientras que el recuerdo de la Luz al salir es *Otiot* (letras).

Todas las letras dan comienzo con un punto. El ciclo completo de un estado espiritual incluye entrada, salida, las remembranzas de la entrada y las remembranzas de la salida. Este cuarto y último aspecto es el que da origen a las letras, mientras que los otros tres quedan reflejados como pequeños símbolos *Taamim* (sabores), coronas (*Taguin*), y puntos (*Nekudot*) en la parte superior, en el interior y debajo de las letras.

Siempre que cuenten con la adecuada formación para poder leer *La Torá*, los cabalistas tienen la capacidad de ver sus estados pasados, presentes y futuros con tan solo contemplar estos símbolos y cada una de sus combinaciones. Pero, para llegar a ver algo así, no basta con leer el texto: es preciso saber observar los códigos.

A la hora de describir acciones espirituales, podemos emplear ciertas combinaciones de letras en lugar del lenguaje de *Sefirot* y *Partzufim*. Las acciones y objetos que revelan las letras y sus combinaciones también nos describen el mundo espiritual.

La clave para leer *La Torá* de este modo es *El Zohar*. En esencia, el libro se compone de comentarios sobre las cinco partes de *La Torá* y explica todo lo que está oculto en el texto que Moisés escribió.

Las letras contienen información sobre el Creador. Para ser más exactos, reflejan la experiencia que el individuo tiene del Creador. Los cabalistas describen al Creador como una Luz blanca (el fondo blanco del papel en el que escribimos las letras). Las percepciones del Creador por la criatura suscitan diferentes sensaciones que la persona siente mientras experimenta al Creador utilizando letras y palabras. Por eso, la escritura hebrea tradicional se elabora con letras negras sobre un fondo blanco.

Resulta que las letras hebreas son como un mapa de la espiritualidad que nos proporciona una detallada descripción de todos los deseos espirituales. La forma en que se conectan entre ellas nos da *La Torá*.

Cabalateca

Existe Aquel que emana y el emanado. El que emana posee cuatro elementos: Fuego, Viento, Agua y Polvo, que son las cuatro Otiot (letras): Yod, Hey, Vav, Hey, *que son* Jojmá, Biná, Tiféret y Máljut. *También son* Taamim, Nekudot, Taguin, Otiot *y, asimismo, son* Atzilut, Briá, Yetzirá, Asiyá.

El Sagrado Ari, *El árbol de la vida*

Puntos y líneas

Los puntos y líneas de las letras hebreas son formas sobre un papel vacío y blanco. Ese papel es la Luz o Creador. La tinta negra sobre él es la creación.

Una línea vertical (|) representa la Luz que desciende desde Arriba, desde el Creador, en dirección a la creación. Por su parte, una línea horizontal (—) significa que el Creador se relaciona con el total de la existencia (cual línea del horizonte).

La forma que presentan las letras hebreas es resultado de la combinación de *Máljut* (representada por el negro) y *Biná* (representada en el blanco). El punto negro es *Máljut*. Y cuando el punto entra en contacto con la Luz, expresa el modo en que recibe dicha Luz a través de todo tipo de formas y figuras. Es decir, las figuras muestran las distintas formas en que la creación (la tinta negra) reacciona frente al Creador (el fondo blanco).

Cada letra representa unas combinaciones de fuerzas. Su estructura y cómo se pronuncian expresan cualidades del Creador. Y las distintas cualidades espirituales que vamos alcanzando las reproducimos a través de las formas.

Negro sobre blanco

Las letras hebreas representan *Kelim* (vasijas). *El Zohar* relata cómo las letras fueron acercándose una a una ante el Creador y cada una iba solicitándole que se sirviera de ella para crear el universo. Dicho de manera más simple: las letras pedían recibir Su bendición para dársela a la creación del mismo modo que un *Kli* (vasija) recibe agua y la derrama para proporcionar vida y sustento.

Desaciertos

Aunque utilizáramos la palabra más sublime que pudiéramos encontrar... la palabra «Luz Superior» o incluso «Luz Simple», no dejaría de ser un préstamo que tomamos de lo que es la luz del sol, de una vela, o la luz del discernimiento al resolver alguna cuestión... Entonces, ¿cómo podemos emplear estos términos en el contexto de la espiritualidad, de la Divinidad?... Se vuelve particularmente necesario cuando uno necesita encontrar un atisbo de racionalidad en esas palabras, lo justo para que nos ayude en la negociación que se da en toda búsqueda de conocimientos. Y aquí, uno debe ser de lo más estricto y riguroso al emplear descripciones categóricas.

Baal HaSulam, La esencia de la sabiduría de la Cabalá

El blanco representa la Luz (dar) y el negro, la oscuridad (recibir). Por ello, los atributos del Creador son absolutamente blancos, representados en el blanco del papel. El negro es la creación, y queda reflejada en la tinta negra. No es posible llegar a comprender al Creador o a la creación por sí solos. Pero juntos, dan lugar a letras y símbolos que pueden ser leídos y comprendidos.

Pensemos en ello de la siguiente manera: sin una creación ¿podríamos dar al Creador el apelativo de «Creador»? Para poder ser llamado Creador necesita crear. Esta dualidad Creador-creación es la base de todo lo que existe. Sólo podemos hablar de algo desde el punto de vista del ser que percibe ese algo.

Las formas de las letras representan la conexión, el vínculo, entre nosotros y el Creador. No son meros trazos de color negro: las letras forman figuras claras porque representan relaciones corregidas entre la creación y el Creador.

Y esta unión se construye sobre el contraste y la colisión. Como criaturas, no podemos experimentar la Luz a menos que entre en colisión con algo. Es decir, para sentir la Luz debe existir algo que pueda frenarla, como por ejemplo la retina en el ojo. La superficie de un objeto (sonidos, luz o cualquier tipo de onda) entra en contacto con nuestra percepción, y mediante esta pequeña colisión impedimos que la onda siga expandiéndose, pudiendo así percibirla.

Dado que el papel es como la Luz, se debe restringir con las líneas negras (las letras) que permiten a una persona sentir esa Luz y aprender de ella. Esas líneas negras que forman las letras se consideran una barrera para la Luz, pues el color negro es el opuesto a ella. La Luz entra en colisión con el *Masaj* de la criatura: quiere entrar en el *Kli* y dar placer, pero en vez de repelerla comienza una especie de lucha entre el *Masaj* que rechaza y la Luz que golpea. Esta pugna da lugar a la aparición de una relación muy especial entre Luz y letras, basada en la colisión entre ellas.

De este modo, las líneas negras de las letras limitan, restringen la Luz. Cuando dicha Luz «golpea» una línea, está siendo obligada a detenerse, con lo cual el *Kli* puede estudiarla. Y esa es la única forma de aprender algo acerca del Creador: deteniendo Su Luz, restringiéndola para estudiarla después. No deja de ser una ironía que, precisamente, al retener al Creador, es cuando aprendemos a ser tan libres como Él. De alguna manera, el *Masaj* es como un prisma: el rechazo a esa Luz la descompone en los elementos que la forman, y esto nos permite a nosotros, las criaturas, estudiarla y decidir qué cantidad deseamos usar de cada «color».

Letras y palabras

El alfabeto hebreo consta de 22 letras. Las nueve primeras, desde *Álef* hasta *Tet*, representan la parte más baja de *Biná*. Las nueve siguientes, comprendidas entre *Yud* y *Tzádik*, representan a *Zeir Anpin*, mientras que las cuatro últimas letras, desde *Kof* hasta *Tav*, representan a *Máljut*, la criatura en sí.

Además de estas letras «normales», en hebreo hay cinco letras finales. Si observamos la tabla más abajo, veremos que no se trata de letras nuevas, pues comparten el mismo nombre con algunas de las 22 originales. Y hay una razón para ello.

א = Álef	1	י = Yud	10	ק = Kuf	100
ב = Bet	2	כ = Jaf	20	ר = Réish	200
ג = Guímel	3	ל = Lámed	30	ש = Shin	300
ד = Dálet	4	מ = Mem	40	ת = Tav	400
ה = Hey	5	נ = Nun	50		
ו = Vav	6	ס = Sámej	60		
ז = Zayin	7	ע = Ayin	70		
ח = Jet	8	פ = Pe	80		
ט = Tet	9	צ = Tzádik	90		

Letras finales:

ך = Jaf final	20
ם = Mem final	40
ן = Nun final	50
ף = Pe final	80
ץ = Tzádik final	90

Las letras hebreas y sus valores numéricos

Aciertos

Estudiamos las cualidades del Creador del mismo modo que determinamos el color de un objeto. Cuando vemos un balón rojo, significa que el balón refleja ese color rojo y, por tanto, lo percibimos. Análogamente, cuando rechazamos (reflejamos) una porción de la Luz del Creador, sabemos exactamente lo que hemos rechazado. Por ello, la única forma de llegar a conocer al Creador es rechazando primero toda Su Luz. Después podremos decidir qué queremos hacer con ella.

Las 22 letras originales se encuentran en el mundo de *Atzilut*, el más elevado de los cinco mundos del que ya hablamos en el capítulo 7. Y puesto que estas 22 se encuentran en el mundo más próximo al Creador, describen una conexión corregida entre Creador y creación. Las cinco letras finales establecen un punto de contacto entre el estado corregido (el Mundo de *Atzilut*) y los mundos con estados no corregidos *Briá, Yetzirá, Asiyá* (*BYA*). Dado que en la creación hay cinco fases, debe haber cinco formas finales de contacto entre *Atzilut* y *BYA*. Y de ahí, la existencia de esas cinco letras finales.

119

La letra *Bet* es la primera letra que aparece en *La Torá*, aunque es la segunda letra del alfabeto hebreo. Pero es la letra que abre *La Torá* porque *Bet* representa la conexión corregida entre *Biná* y *Máljut*, y que denominamos *Brajá* (bendición). Cuando *Máljut* (la creación, nosotros) puede conectar con *Biná* (el Creador), recibe una bendición. Y, *únicamente*, podemos conectar con el Creador cuando deseamos ser como Él. Precisamente, eso es lo que quiere decir «conexión corregida»: cuando *Máljut* solicita ser como *Biná* —es decir, cuando deseamos ser como el Creador— es lo que llamamos una bendición (*Brajá*) de «conexión correcta».

Unidades, decenas, centenas y más

Las letras se clasifican en tres categorías numéricas: unidades, decenas y centenas:

- El nivel de *Biná* se corresponde con las unidades: *Álef, Bet, Guímel, Dálet, Hey, Vav, Zayin, Het, Tet*. Estas son las nueve (1 - 9) *Sefirot* de *Biná*.
- El nivel de *ZA* se corresponde con las decenas: *Yud, Jaf, Lámed, Mem, Nun, Sámej, Ayin, Pe, Tzádik*. Estas son las nueve (10 - 90) *Sefirot* de *ZA*.
- El nivel de *Máljut* se corresponde con las centenas: *Kuf, Réish, Shin, Tav*. Estas son las cuatro (100 - 400) *Sefirot* de *Máljut*.

Y surge una cuestión obvia: ¿qué ocurre con las cifras superiores a 400? La respuesta es que el idioma hebreo es un lenguaje espiritual, no un lenguaje matemático. En él, todo es símbolo de estados espirituales, y no necesitamos más números para describir la estructura del mundo de *Atzilut* (el «hogar» de las letras, por así decirlo). En otras palabras, con estas 22 letras podemos describir *todo*, desde el inicio de la creación hasta el infinito.

Entonces ¿qué ocurre cuando deseamos expresar números de manera más precisa como, por ejemplo, 248? Combinamos tres letras: *Réish* (200), *Mem* (40) y *Het* (8). ¿Y si queremos expresar una cifra mayor que 400, por ejemplo 756? Vamos a emplear más de tres letras: *Tav* (400) + *Shin* (300) + *Nun* (50) + *Vav* (6) = 756.

Por supuesto, podemos alcanzar este número a través de distintas combinaciones, pero es importante recordar que si dos palabras dan como resultado la misma cifra, se consideran «sinónimos espirituales», es decir, encierran el mismo significado espiritual.

Veamos ahora la relación que tiene esta cuestión de los números con la evolución del deseo espiritual, según explica la Cabalá. Cuando los números representan el tamaño de nuestro *Kli*, cuanto más alto sea un determinado número, más Luz entrará en él. Si sólo hay unidades en nuestro deseo, es decir, si tenemos un deseo pequeño, no habrá más que una pequeña cantidad de Luz. Si se le añaden decenas y nuestro deseo crece, la Luz entrará en mayor medida. Si se añaden centenas y ese deseo alcanza el punto máximo, la Luz que simbolizan las letras llenará nuestros *Kelim* espirituales.

Sin embargo, las cosas se complican porque en Cabalá también hay particularidades. Los números, además de simbolizar los deseos, también pueden representar la Luz. En este caso, las unidades (las Luces pequeñas) se encuentran en *Máljut*, las decenas en *ZA*, y las centenas en *Biná*. Esto se debe a la relación inversa que existe entre la Luz y *Kli* (deseo). Puede sonar un tanto confuso, pero sucede así, pues el *Kli* se llena con una mayor Luz del Creador, sólo cuando activamos nuestros deseos inferiores.

Aquí están los valores numéricos de cada nivel según la medida de Luz que representan y el nivel al que llenan nuestras vasijas:

- *Biná* -Luz (100); *Kli* (1)
- *ZA* - Luz (10); *Kli* (10)
- *Máljut* - Luz (1); *Kli* (100)

Si Dios = naturaleza y naturaleza = deseo, entonces...

Vamos a hablar ahora de algo sobre lo que vale la pena reflexionar: si sumamos los valores numéricos de las letras en las palabras *HaTeva* (la naturaleza), obtenemos 86. Si a continuación sumamos el valor de las letras en la palabra *Elokim* (Dios), también obtendremos 86.

Y por último, si sumamos el valor de las letras en la palabra *Kos* (copa), suman —ya lo habrá adivinado el lector— 86. Esto, muestra la equivalencia que existe entre Dios, la copa, y la naturaleza en Cabalá, algo de lo que hemos hablado en el capítulo 2. Y funciona de la siguiente manera:

Ya mencionamos que si al sumar dos palabras obtenemos la misma cifra, es porque tienen el mismo «significado espiritual». Y es algo ciertamente interesante lo que viene a decirnos con esto la Cabalá (aunque, un tanto complicado también):

- La naturaleza y el Creador son uno y lo mismo. Y el hecho de que no seamos capaces de verlo como tal no lo hace menos cierto. Sería como negar la posibilidad de que nuestro cuerpo pueda infectarse con bacterias por el hecho de no poder verlas a simple vista.

- Una copa en Cabalá representa el *Kli*, esto es, el deseo de recibir. Por tanto, la naturaleza y nuestro *Kli* son lo mismo. Y aquí, de nuevo, el hecho de que no podamos percibirlo no significa que sea falso. Lo que esto nos viene a decir es que, al poseer el mismo valor numérico, tenemos la oportunidad de corregir (cambiar) nuestros deseos e igualar nuestra estructura a la de la naturaleza.

- Al hacer equivalentes nuestros deseos (*Kli*) a los de la naturaleza, también estamos haciéndolos coincidir con el Creador (pues naturaleza y Creador son sinónimos). Dicho de manera simple: cuando igualemos nuestro *Kli* con la naturaleza, descubriremos al Creador.

A modo de silogismo, sería algo así: Si A = B y B = C, entonces A = C.

Los bloques que construyen la vida

Guematría es el nombre que reciben todos estos «juegos» que los cabalistas ponen en práctica con letras y números. Los cabalistas de antaño perfeccionaron la *guematría* hasta tal punto que, haciendo uso de ella, podían describir toda la creación, así como la relación Creador-creación tal y como veremos en las siguientes secciones.

La *guematría* es una expresión del estado de un *Kli* que descubre al Creador dentro de su propia estructura. El *Kli* está compuesto de diez *Sefirot*. Estas diez *Sefirot* están divididas en el punto de la letra *Yud* y las letras *Yud*, *Hey*, *Vav*, y *Hey* de nuevo. Esta estructura de cuatro letras es más conocida como el «tetragrama» (en griego), *HaVaYaH* (en hebreo) y Yahvé o YHVH o Jehová (en español).

La primera *Sefirá*, *Kéter*, corresponde al punto de *Yud*; la segunda *Sefirá*, *Jojmá*, a *Yud*; la tercera *Sefirá*, *Biná*, corresponde a *Hey*. La siguiente *Sefirá* —*Zeir Anpin*— incluye seis *Sefirot* internas: *Jésed*, *Guevurá*, *Tiféret*, *Nétzaj*, *Hod* y *Yesod*. Todas ellas están dentro de la letra *Vav*. Por último, *Hey* es *Máljut*, la última *Sefirá*.

De hecho, *HaVaYaH* no es simplemente la estructura de un *Kli*, sino que constituye la estructura de todo *Kli* y de todo lo que ha existido, existe y existirá. Son los bloques con los que se construye la existencia. Como si de un holograma se tratara —no importa cuán diminuta sea la división que en él hagamos— siempre obtendremos una estructura de diez *Sefirot* completas en el interior de *HaVaYaH*. Y es por eso que estas cuatro letras componen la palabra *havayah*, término que en hebreo significa «ser», «existir».

Abraham se lo tomó de manera personal (también nosotros podemos hacerlo)

Es importante comprender que existe una relación entre las letras, las *Sefirot* y el *Kli*: en Cabalá, el nombre de una persona representa su *Kli* espiritual. Abraham, por ejemplo, representa un tipo de relación muy especial entre el Creador y la creación; es un alma que llevó a cabo una determinada corrección. Como ya dijimos, al nacer su nombre era *Abram*. Pero una vez hecha la corrección de transformar sus deseos egoístas en altruistas, cambió su nombre y pasó a llamarse Abraham. La *h* que añadió a su nombre es la *Hey* de *Biná*, que representa el atributo de altruismo del Creador: se había elevado hasta ese nivel espiritual.

Pinceladas

Ya hemos mencionado que no existe el mal en la Cabalá: todo depende de qué postura tomemos frente a las situaciones que vivimos. Al faraón se le considera una fuerza del mal. Sin embargo, los cabalistas le dieron la vuelta a las letras hebreas en la palabra faraón y descubrieron que lo que realmente, quiere decir es *Oref H* (el lado posterior del Creador). Dicho de otro modo, el faraón es, en realidad, el Creador ejerciendo una fuerte presión sobre nosotros para hacernos avanzar hacia la espiritualidad cuando no ponemos todo el empeño en ello. Una vez que hayamos hecho los esfuerzos necesarios para avanzar, descubriremos que el faraón es, en realidad, un amigo.

Descubre tu raíz, descubre tu nombre

Todas las letras están en nuestro interior, no existen en ningún otro sitio. Son *Kelim* espirituales, experiencias que cada uno de nosotros ha sentido y que volverá a sentir a medida que vayamos avanzando en la espiritualidad.

Los *Kelim* perciben al Creador y cuando aprendemos el auténtico significado de las letras, descubrimos dentro de nosotros todas las líneas, los puntos y los círculos que simbolizan nuestra conexión con el mundo espiritual. Todo el mundo cuenta con algo llamado «la raíz del alma». A medida que subimos por la escalera espiritual y descubrimos en nosotros letras, palabras y números, vamos acercándonos a nuestro verdadero «yo».

El Creador dio origen a una sola creación. Pero esta creación quedó rota en 600.000 fragmentos que, a su vez, se dividirían en los miles de millones de almas que existen hoy en el mundo. Al volver a subir la escalera, nos damos cuenta de que somos un solo cuerpo y descubrimos nuestra localización dentro de él. Esto es lo que llamamos la raíz de nuestra alma.

Cada raíz posee su propio nombre. Una vez alcanzada la raíz de nuestra alma, descubrimos cuál es nuestro lugar dentro del sistema de la creación, descubrimos quién somos en realidad. Y lo expresamos con el que es nuestro verdadero nombre.

EN POCAS PALABRAS

- Las letras hebreas describen la relación entre el cabalista y el Creador.

- Las letras hebreas tienen valor numérico. Un valor numérico semejante indica también una semejanza espiritual, mientras que un valor numérico equivalente indica sinonimia espiritual.

- Dios = naturaleza y naturaleza = deseo (*Kli*). Por lo tanto, Dios = deseo.

- A medida que subimos por la escalera espiritual, vamos descubriendo las letras en nuestro interior, según nuestro estado espiritual. Así es como revelamos el que es nuestro verdadero nombre.

Capítulo 11

Cuerpo y alma

Lo esencial

La reencarnación según la Cabalá.
Qué significa el cuerpo para el alma.
La cena más larga.
Preguntas y respuestas sobre el alma.

La reencarnación suele contemplarse como un fenómeno, por el que una persona vive y muere repetidas veces. Sin embargo, la idea de volver a nacer bajo otra identidad no es la única forma de reencarnación. Para la Cabalá, reencarnación es cada vez que damos un paso en nuestro crecimiento espiritual. Es decir, si una persona se corrige de manera profunda, puede llegar a experimentar distintos ciclos vitales en cuestión de minutos. Por el contrario, cuando una persona permanece sin corregirse, puede que nunca experimente ni una sola encarnación. Tal es la definición cabalística de reencarnación.

Nuestro cuerpo: el recipiente para el alma

La Cabalá ve a las personas según sus atributos espirituales. Cuando, por ejemplo, en un texto cabalístico encontramos «un nuevo hombre es creado», no está haciendo referencia a brazos y piernas: se refiere a aspiraciones y deseos. En ese sentido, cuando la calidad de nuestros deseos cambia para mejor, podemos afirmar, desde un punto de vista cabalístico, que es una nueva persona la que emerge, un «yo» más espiritual. El cuerpo no es más que un recipiente biológico —los órganos, sin ir más lejos, pueden ser reemplazados mediante trasplante— y así es como la Cabalá considera al cuerpo como un mero vehículo a través del cual el alma puede trabajar. Por eso, para corregir el alma, debe existir un cuerpo y encontrarse activo.

Durante su existencia en el interior de un cuerpo, las almas tienen un único deseo: regresar a su fuente, volver al nivel en que se encontraban antes de caer. Nuestro cuerpo físico, con su deseo de recibir, amarra el alma a este mundo. Sin embargo, sentir un deseo por la espiritualidad propicia el retorno de nuestra alma a su raíz espiritual.

Chispas espirituales

Esta vida no es eterna... por sí misma: es más bien, como un soplo de vida.

Baal HaSulam, Introducción a *El árbol de la vida*

Reciclarse hasta estar maduros y listos

Las almas bajan a la Tierra y vuelven a subir repitiendo un ciclo: encarnan en un cuerpo, después regresan a su Fuente (otro término cabalístico para referirse al Creador) y vuelven a repetir este proceso hasta que el alma alcance su corrección completa.

Podemos experimentar numerosas reencarnaciones —o nuevas almas— de diversas maneras. Puede que sea, gracias a una experiencia complicada, que nos deje preparados para hacernos la pregunta sobre el sentido de la vida y buscar nuevas respuestas. O, puede ser mediante el estudio de la Cabalá. Quizá, cuando nos encontremos listos para la espiritualidad, por ejemplo, caiga en nuestras manos *Guía de la sabiduría oculta de la Cabalá*. Este libro puede marcar el inicio de las encarnaciones conscientes del lector.

Las encarnaciones que pasan por nosotros, regresan luego a la Fuente. Nuestra «tarea» sobre la Tierra es superar cuantas más encarnaciones sea posible, para que el alma alcance su completa corrección.

¿Por qué hay apariciones repetidas?

La reencarnación es la aparición de las almas en repetidas ocasiones dentro de los cuerpos en este mundo. Este proceso tendrá lugar una y otra vez, hasta que cada alma alcance el fin de su corrección particular.

La corrección completa es una labor a varios niveles: un alma no completa su labor y regresa a la Raíz en un solo ciclo. En los subsiguientes ciclos, gracias a los progresos alcanzados anteriormente, el alma vuelve a reencarnarse, aunque más adelantada en el recorrido de su trayecto espiritual.

El Creador desea colmarnos con placer espiritual, desea que nos sintamos plenos. Pero ello sólo es posible mediante un gran deseo; sólo gracias a un deseo corregido puede alcanzarse la espiritualidad.

Ya hemos explicado que un gran deseo se considera corregido solamente cuando cuenta con la correcta intención. Pero no es algo que aparezca de manera automática: la «correcta intención» se adquiere mediante el estudio. Estamos hablando de un proceso, no de un arreglo instantáneo.

Dicho sea de paso, hoy en día el estudio, por sí solo, no es suficiente para alcanzar la espiritualidad. Necesitamos un grupo de amigos que nos apoyen y necesitamos contribuir a que también otros logren la corrección. De este modo, nos unimos a su deseo por la espiritualidad (su punto en el corazón), aun cuando ni siquiera sean conscientes de él.

La semilla del alma

El propósito de la corrección del alma va más allá de la mera satisfacción de sus necesidades. Mucho más allá. La corrección de un alma particular afecta a todas las almas: todas las almas se encuentran conectadas. Al llegar a este mundo, por primera vez, el alma es denominada «un punto». Recordemos que todos somos parte de una vasija espiritual o *Kli*, llamado *Adam HaRishón* (el primer hombre). Asimismo, debemos recordar que el alma de *Adam HaRishón* se fragmentó en 600.000 pedazos y cayeron a este mundo, que alberga un gran número de cuerpos, cada uno de ellos con su propia alma.

Si durante nuestra vida en este mundo no construimos un *Kli* espiritual, a partir de este punto el alma volverá a *Adam HaRishón*. Pero permaneciendo como una semilla sin desarrollar: inconsciente, sin vida. Nuestro objetivo es dar los pasos conscientes para volver a *Adam HaRishón*, a la misma raíz de la que descendimos.

¿Qué es y dónde está el alma?

Una ubicación, tal y como nosotros pensamos en ella, en términos de espacio y tiempo, no existe en los Mundos Superiores. Entonces ¿qué ocurre cuando el alma vuelve a la Fuente? Lo cierto es que el alma retorna a su raíz en *Adam HaRishón*. Y aquí, el término «Raíz del alma» significa la ubicación del alma dentro del sistema de *Adam HaRishón*. Este es un emplazamiento espiritual que se encuentra muy próximo a la Fuente, el Creador, por lo que no podemos localizarlo con nuestros cinco sentidos físicos.

Un alma es una fuerza espiritual. En Cabalá, las almas quedan organizadas en una pirámide, agrupadas según sus deseos. Los deseos terrenales quedan en la base de la pirámide, mientras que los deseos espirituales se encuentran en la cúspide.

En esa base, existe un gran número de almas con pequeños deseos (comida, sexo, descanso, hogar), deseos cercanos a los de los animales. El siguiente nivel contiene a aquellos que anhelan bienes, riqueza, algo que vaya más allá de las necesidades básicas. El siguiente nivel, en el que ya encontramos un número más reducido de almas, es el deseo de dominar a los demás, el deseo de poder. El siguiente nivel es el conocimiento: aquí, las almas se dedican a descubrir, investigar. Por último, en lo más alto de la pirámide, se encuentra un número reducido de almas que se esfuerzan por alcanzar el mundo espiritual. Tal es la composición de la pirámide y sus distintos niveles.

Aciertos

Los cabalistas distinguen entre lo que denominan «el alma animada» y «un alma». El alma animada es algo con lo que todos nacemos: el carácter, los gustos y aficiones, las emociones, las tendencias naturales. Sin embargo, cuando los cabalistas hablan del alma, se trata de algo muy distinto: se refieren a un deseo de recibir corregido con un *Masaj*, que le permitirá recibir para poder otorgar al Creador.

Esta pirámide se encuentra también en nuestro interior, tenemos el potencial de actuar de todas esas formas. La presión de los mundos inferiores debe dar paso a un deseo más puro: un deseo ilimitado por la verdad. Esto es buscar invertir nuestros esfuerzos y energía, no en los deseos terrenales egoístas, sino en el desarrollo de un deseo por la espiritualidad. Y todo ello, no deberíamos hacerlo solos, sino mediante el estudio, los grupos y la divulgación de los conocimientos.

Una vestimenta para el alma

El cuerpo es lo que cubre el alma, por eso podemos pensar en nuestro cuerpo como una especie de vestimenta para ella. Es precisamente nuestra alma lo que nos conecta con todas las demás almas y con el Mundo Superior, conexión que permanece una vez que el cuerpo biológico ha desaparecido.

Si una persona cultiva su altruismo, piensa más en la unidad entre humanos y menos en sí misma, esos esfuerzos van a convertirse en un *Kli* espiritual, que percibirá el mundo espiritual más allá de los cinco sentidos. La Fuerza Superior se siente en el alma y no en el cuerpo.

Una vez que alcanzamos la percepción espiritual, no se siente ni la vida física ni la muerte: el alma se encuentra en el reino espiritual. Al centrarnos en el desarrollo de nuestra alma, podemos trascender las influencias biológicas y terrenales. Sencillamente dejan de afectarnos.

Chispas espirituales

En nuestro mundo no surgen nuevas almas, del mismo modo que se renuevan los cuerpos. Siempre se trata de un determinado número de almas, que encarnan en esa rueda de variaciones formales, pues, en cada ciclo, se revisten de otro cuerpo dentro de una nueva generación.

Por tanto, en lo que a las almas respecta, todas las generaciones, desde el comienzo de la Creación hasta el final de la corrección, son como una sola generación, que hubiera prolongado su vida a lo largo de varios miles de años hasta desarrollarse y corregirse como se esperaba de ella. Y el hecho de que todo este tiempo haya cambiado su cuerpo en tantas ocasiones es algo totalmente irrelevante, pues la esencia del cuerpo, lo que llamamos «el alma», no se ha visto afectada por ninguno de esos cambios.

Baal HaSulam, *La paz*

El rabí Baruj Ashlag solía decir que, para un cabalista, morir y volver a la vida era algo tan intrascendente como quitarse una camisa para ponerse otra limpia. Cuando a su padre, el rabí Yehuda Ashlag, se le preguntó dónde quería ser enterrado, mascullÓ con la mayor indiferencia: «Me importa un bledo donde coloquéis mi saco de huesos».

No hay tiempo en la espiritualidad

El tiempo es nuestra percepción de los cambios que experimentamos a medida que el alma va desarrollándose. Cuando los pensamientos y deseos cambian lentamente, sentimos que el tiempo «se extiende». Pero si, por el contrario, cambian de manera rápida, sentimos que el tiempo «vuela».

El tiempo se percibe, en la medida que experimentemos cambios. Por ello, cuando el vacío espiritual desaparece y llega la plenitud, no hay cambios. De ahí, la afirmación de que no hay tiempo en la espiritualidad.

Algunas preguntas y respuestas

Todas las almas en la Tierra ya han estado aquí en ocasiones anteriores. Es como una fiesta, una cena, en la que los invitados entran y salen continuamente. Cada vez que entran, aprenden algo y después se van. Cuando vuelven a la siguiente fiesta, que se celebra en un hogar (cuerpo) diferente, traen consigo lo que han aprendido. Todas las experiencias de fiestas pasadas sirven para su visita actual. Además, cada vez que un alma regresa, sus deseos se hacen más fuertes y evolucionan gracias a su desarrollo en la fiesta (vida) previa.

¿Quién fui yo?

En su artículo «La libertad», Baal HaSulam escribe que cada generación contiene las mismas almas que la anterior, pero en otros cuerpos. El alma que tu cuerpo envuelve podría haber estado en una gran variedad de personas, pero no hay forma de saberlo: a nuestra alma solo le interesa el presente.

Todos nuestros recuerdos están conectados unos con otros, todo lo que hemos experimentado alguna vez queda en nuestro interior, nada se pierde. Sin embargo, no podemos usarlo como un almacén del que sacar determinados pensamientos: los recuerdos pasados aparecen por sí solos, para que podamos comprender el presente.

Todas las almas están conectadas dentro del alma común de *Adam HaRishón*. Y, precisamente, porque están interconectadas, hay una memoria compartida. Cual gota en un barreño de agua, las almas no retienen las que fueron sus identidades corpóreas.

¿Podemos identificar a las personas del pasado?

Sí que podemos. Las almas de las personas vuelven a la Tierra. De hecho, los cabalistas ven que *Adam,* Abraham, Moisés, Rabí Shimon, el Ari y Yehuda Ashlag (todos ellos cabalistas que nos dejaron sus escritos), son una misma alma que fue reencarnándose una y otra vez. Es como si esa misma alma viniera a nuestro mundo bajo la apariencia de diferentes cabalistas para poder transmitir la Cabalá de la mejor manera posible a las distintas generaciones.

No obstante, esto no significa que Baal HaSulam naciera con el alma del Ari. Nació y vivió en su cuerpo, al igual que el resto de seres, con un potencial espiritual que era suyo propio. Sin embargo, a esto, se le sumó el potencial, la Luz, el atributo de otorgamiento llamado «Ari». Esta es la fuerza espiritual del Ari. Y él continuó desarrollándola a través del método de la Cabalá.

También nosotros podemos intentar tener todas las almas en nuestro interior, y así albergar otras almas además de la nuestra. A una de ellas podríamos llamarla «el arriero de asnos», el alma que nos guía en nuestro recorrido espiritual, algo de lo que ya hablamos en el capítulo 9.

Aciertos

Cuando la Cabalá menciona que una persona está en este mundo, se refiere a su deseo de recibir en el estado de ocultación del Creador, en el que no hay intención de deleitarle en Él. En otras palabras, hasta que no crucemos la barrera continuaremos en este mundo; pero una vez que se atraviesa, llegamos al mundo venidero.

¿Podemos reencarnarnos en un animal?

Cuando hablamos de almas, la Cabalá distingue entre animales y humanos. Los animales son seres animados, mientras que, por su parte, los humanos son tanto animados como espirituales. Y como humanos que somos, tenemos la capacidad de retribuir al Creador.

El libro *Juntos por siempre* cuenta la historia de un mago solitario que empieza a crear diferentes cosas para sentirse acompañado. Da vida a un perro, que es leal y se deja cuidar, pero el perro no puede devolver el cuidado tan especial que le ofrece el mago.

Esa es, precisamente, la facultad que tiene el ser humano: la capacidad de corresponder al Creador. Por tanto, la reencarnación, la evolución de las almas, es una cuestión que sólo concierne a los cuerpos humanos.

Chispas espirituales

La reencarnación acontece a todos los objetos de la realidad tangible, y cada objeto, a su manera, vive una vida eterna.

Baal HaSulam, *La paz*

¿Cuántas veces tenemos que reencarnarnos?

En su artículo «¿Qué grado debe uno alcanzar?», el rabí Baruj Ashlag —hijo de Yehuda Ashlag y gran cabalista por mérito propio— hace la pregunta: «¿Qué grado debe uno alcanzar para no tener que volver a reencarnarse?». Y su respuesta es que el alma continúa regresando hasta que completa su corrección y vuelve a su raíz. No es necesario intentar corregir a nadie más, aunque sí debemos intentar procurarles los medios para ello. Si uno se ha corregido plenamente y ha hecho todo lo posible por los demás, no volverá a reencarnarse.

El número de almas en el sistema universal es de 600.000 y es una cifra invariable. Asimismo, hay un período de 6.000 años para que las almas alcancen el logro espiritual. En concreto, desde el año 2010 nos quedan 230 años.

Lo que determina por cuánto tiempo seguirán las almas retornando a la Tierra es su avance en el proceso de corrección. Podemos verlo como un viaje en el que nuestra alma está inmersa, y en el que nosotros actuamos como un guía. Si conducimos a los viajeros (las almas) a su destino, el próximo año no tendrán que volver a la Excursión de la Vida; o quizá tengan que regresar, pero fortalecidos y listos para seguir avanzando. Cualquier progreso será bueno.

El objetivo es llevar a todas las almas a la cima de la montaña espiritual, allí donde se alcanza la corrección completa. A medida que estas van escalando, se corrigen más y más, pero hasta que todas ellas no alcancen la cima, seguirán volviendo a los cuerpos terrenales para que las ayudemos a escalar. Sólo el estudio de la Cabalá acelera este proceso.

Pinceladas

Un conocido proverbio chino dice: «Da un pescado a un hombre y es alimento para un día. Enséñale a pescar y le alimentarás de por vida». Esto es lo que hacemos cuando ayudamos a otros a aprender los conocimientos cabalísticos que les permiten corregir sus almas.

¿Podemos recordar vidas pasadas?

No es posible percibir nuestras vidas pasadas con nuestros sentidos corpóreos. Hemos atravesado fases en la vida —la infancia, adolescencia, juventud— y todas ellas nos han llevado hasta lo que somos hoy. «El yo de hoy» no puede ver «el yo de la semana pasada» porque el actual lo cubre y nos impide verlo. Todas las fases están ahí, pero sólo podemos ver el estado actual, «el yo de hoy».

Nuestro primer instante en esta vida constituyó, en su momento, el punto más avanzado de nuestra alma. Y si llegamos a alcanzar un alto grado de espiritualidad, la siguiente persona que revista nuestra alma tendrá un punto de partida aún mejor.

¿Qué es lo que queda de vidas pasadas?

Una vida anterior puede influir nuestra vida actual y, generalmente, lo hace de modo positivo. Sólo por el hecho de existir, ya hay algún tipo de corrección. Esto se debe a que en cada ciclo de vida experimentamos sufrimientos. Y en eso no somos distintos al resto de la creación. Este dolor nos lleva al avance espiritual porque, a raíz de él, nos planteamos preguntas, buscamos el cambio.

Está en nuestras manos acelerar la corrección haciendo un esfuerzo por ser espirituales. Una vez que hacemos este esfuerzo, sentimos el dolor de otra manera: somos más conscientes de él y descubrimos sus causas. Es entonces cuando decidimos cambiar nuestra intención para poder librarnos del sufrimiento, y esto supone un ejemplo de cómo el pasado influye sobre el presente. Esta cuestión es de importancia, porque existe una necesidad de renovar constantemente los vínculos entre almas, acondicionando sus conexiones para hacer posible la unificación entre todas ellas. A tal proceso se le denomina «la corrección del alma colectiva».

Desaciertos

No es deseable avanzar mediante el dolor. No es la manera. El dolor solo nos lleva a pensar que somos una especie de mártires, haciéndonos sentir orgullosos y *alejándonos* de la necesidad de llegar a ser como el Creador. La única faceta positiva del dolor es que sirve como indicador, para entender que nos movemos en la dirección errónea.

¿De qué manera puedo contribuir a que mi próxima vida sea más positiva?

Cuanto más acerque mi alma al Creador en el transcurso de esta vida, mejor será la siguiente. La corrección alcanzada será el progreso con el que cuente mi alma para su próxima visita.

La cercanía que logremos con el Creador durante este ciclo hace que el «viaje de vuelta» en nuestra próxima vida resulte más fácil, pues nuestra alma estará mejor situada en el trayecto hacia la corrección total. Hacia esa meta nos dirigimos todos, ya sea por voluntad propia o por el camino del sufrimiento.

Todo lo que adquirimos (atributos, características, conocimientos) en este mundo, se desvanece, y sólo quedan las transformaciones llevadas a cabo en el alma. Es como una semilla que crecerá durante la siguiente temporada de lluvias. La planta muere, pero su semilla cae en la tierra y da origen a otro brote: la energía de la planta permanece. Y la energía espiritual que permanece en nosotros es el alma.

La Cabalá nos muestra que la medida definitiva de nuestra vida es la diferencia entre el alma que recibimos al nacer y el alma que tenemos ahora. Esto es lo que mide hasta qué punto hemos elevado el alma espiritualmente.

En pocas palabras

- Las almas regresan a la Tierra hasta el momento en que finalizan su corrección.

- La reencarnación afecta sólo al alma humana, no al alma animada (carácter, gustos, emociones, tendencias naturales).

- El avance espiritual que hemos hecho en vidas anteriores supone el punto de partida en nuestra vida presente.

- Si uno desea saber cómo era, primero debe descubrir quién *es* revelando la raíz de su alma.

- De unos ciclos vitales a otros, no podemos cambiar de especie ni tampoco de género.

Capítulo 12

Estudiando Cabalá

Lo esencial

De la enseñanza en estancias a media luz,
a la enseñanza abierta y virtual.
Qué libros leer para nuestro avance espiritual.
Encontrar al maestro adecuado y sacar
el máximo provecho al estudio.
La fuerza de los grupos cabalísticos y su práctica.
El estudio virtual.

El estudio de la Cabalá ha cambiado radicalmente con el paso de los años. No sólo porque esta sabiduría, otrora secreta, se ha puesto al alcance de las masas, sino porque los cabalistas emplean los más avanzados medios tecnológicos a su disposición. Así, tanto libros y maestros como los grupos que son indispensables para el estudio resultan realmente fáciles de encontrar.

En la actualidad, podemos consultar las fuentes auténticas de la Cabalá desde nuestro hogar y en nuestro propio idioma. Y llegado un determinado momento en nuestro desarrollo espiritual, podemos incluso encontrar un profesor y un grupo virtual. En este capítulo, aprenderemos a sacar el máximo partido a la pedagogía moderna de la Cabalá a la vez que seguimos siendo fieles a la sabiduría de los textos tradicionales.

Cada día es una jornada de puertas abiertas

Desde los primeros cabalistas —Adán y Abraham— pasando por la composición de *El Zohar* y hasta llegar a la Edad Media, la transmisión de la Cabalá fue mediante tradición oral. En un primer momento, los cabalistas intercambiaban impresiones sobre sus experiencias espirituales a medida que iban descubriendo los Mundos Superiores.

Paralelamente, los cabalistas prohibieron el estudio de la Cabalá a todos aquellos que no estuvieran preparados para ello. Se ocupaban de sus estudiantes con cautela, velando por que aprendieran de la manera correcta, y limitando expresamente el número de discípulos.

Aunque ya hemos señalado que la Cabalá es algo abierto a todos, no hemos hecho aún suficiente hincapié en la importancia de su estudio a día de hoy. De hecho, para los cabalistas, la amplia divulgación de la sabiduría de la Cabalá es algo imprescindible. Y esto, entre otras cosas, explica el tremendo interés que en la actualidad suscita la Cabalá.

La importancia de difundir estos conocimientos tiene un motivo: la necesidad de corrección que todas las almas tienen. De ahí, la relevancia que se concede a lo colectivo. Cuanto mayor sea el número de personas que estudien Cabalá, mayor será el efecto a nivel global, porque cuando se estudia de manera masiva, la propia cantidad mejora la calidad del estudio. Media hora o una hora de estudio por las noches puede ser más que suficiente, ya que quizá cientos de miles, incluso millones, estén haciendo lo mismo. Y mientras llevan a cabo esta acción, consiguen conectarse espiritualmente aunque no lo perciban, afectando con ello al resto de seres en el mundo. Hasta los más pequeños cambios en millones de personas producen grandes avances en el conjunto de la sociedad. Sobre esto, profundizaremos en la tercera parte del libro.

El resultado es que el método actual de estudio de la Cabalá está dirigido a grandes masas, ya no se encuentra restringido a unos pocos discípulos que estudian ávidamente a altas horas de la madrugada.

Chispas espirituales

Uno aprende en el lugar que su corazón desea.

Antigua máxima cabalística

Estudiar con la intención correcta

Sólo son necesarias dos cosas para estudiar Cabalá de manera apropiada: por un lado, un deseo de encontrar cuál es el sentido de nuestra vida para mejorarla, por otro, una correcta instrucción. Y tres son los aspectos mediante los que logramos esa correcta instrucción:

1. Los libros adecuados.
2. El grupo adecuado.
3. El maestro adecuado.

Toda persona que estudie Cabalá de manera correcta hará progresos sin tener que forzarse a sí mismo. No hay coerción en la espiritualidad.

El objetivo a la hora de estudiar es descubrir la conexión entre el estudiante y lo que está escrito en los libros. Por eso, los cabalistas escribieron sobre aquello que lograron alcanzar y experimentar: no se trata de impartir conceptos sobre la realidad y su funcionamiento, como hace la ciencia. El propósito de los textos cabalísticos es propiciar un entendimiento, una asimilación y una sensación de la verdad espiritual.

Si la persona aborda el texto con el ánimo de alcanzar la espiritualidad, ese mismo texto se vuelve una fuente de Luz, una fuerza correctora. Por el contrario, si se acerca a los escritos deseando alcanzar conocimientos, el texto, simplemente, proporcionará información. Es la cantidad de deseo interno lo que determina la medida de fuerza que recibimos por nuestro camino de corrección.

Si una persona estudia de manera adecuada, llegará a cruzar la barrera que existe entre este mundo y el espiritual, adentrándose en un lugar de revelación interna. Si el estudiante no llega a alcanzarlo, es señal de que su esfuerzo es insuficiente en cantidad o en calidad. No es una cuestión de cantidad en el estudio, sino de intenciones en el estudio. Desde luego cruzar la barrera no es algo que suceda de un día para otro, sino que debe ser el resultado final de un proceso de estudio.

El avance en Cabalá no implica evitar placeres para no despertar nuestro deseo. No. Del mismo modo que es erróneo pensar que un esfuerzo por ser amables y educados nos acercará a la espiritualidad. La corrección no llega simulando que somos correctos.

No hay coerción en la espiritualidad

La Cabalá rechaza cualquier tipo de coerción: si alguien experimenta una presión por parte de otros o hay una imposición de reglas, es un indicador de que la acción no fue planeada por los Mundos Superiores, sino por el ego de alguien.

El estudio de la Cabalá incrementa nuestro deseo de espiritualidad, llevándonos a preferirla frente a la materialidad. Según sea nuestro desarrollo espiritual, esclareceremos nuestros deseos y, en consecuencia, o bien vamos a desprendernos de lo material o bien vamos a seguir apegados a ello. Todo dependerá de lo que necesitemos estos bienes o cuánto los deseemos.

Aciertos

Los deseos materiales no aparecen todos de una vez sino que se manifiestan de manera sucesiva. Si tenemos un deseo de dinero, no quiere decir que no lo sintamos mañana. Probablemente lo hagamos, y con más intensidad. Sin embargo, el hecho de que el deseo por dinero aparezca, desaparezca y vuelva a aparecer, es una señal de que estamos trabajando de manera correcta: la reaparición es el surgimiento de una nueva *Reshimó*, desde un nuevo grado. Lo que nos indica que hemos completado el trabajo en el grado previo, despejando así el camino para la aparición de un nuevo deseo.

No más ermitaños

La Cabalá no sólo ha cambiado en quién puede estudiarla o no, también ha cambiado en su práctica. Como mencionamos en el capítulo 5, algunos de los cabalistas primigenios, como el rabí Shimon Bar Yojay, llevaron vida de ermitaños. Pero no fue porque ellos eligieran ese estilo de vida: tuvo que ser así, al verse perseguidos cuando se prohibió el estudio de la Cabalá. El Ari, sin ir más lejos, era un rico mercader cuando llegó a Safed. Como es bien sabido, tampoco el rey David o Salomón fueron pobres o ermitaños y, sin embargo, fueron grandes cabalistas.

El rabí Ashlag, por ejemplo, creía en el trabajo manual. Cuando llegó a Israel desde Polonia, traía consigo máquinas para el procesamiento del cuero. Su intención era montar una fábrica de cuero y trabajar durante el día para estudiar por la noche. Y educó a sus hijos en este espíritu. Cuando su primogénito, Baruj Ashlag —que llegaría a ser su sucesor— cumplió los 18 años, el rabí Ashlag le envió a trabajar como obrero de la construcción. También él solía trabajar durante el día y estudiar de noche.

Parece existir aquí una contradicción con la que se encuentra todo aquel que estudia Cabalá. Por un lado, la vida terrenal carece de sentido y un auténtico cabalista no le concede mayor importancia. Pero, por otro lado, en Cabalá es imperativo vivir dentro de nuestro cuerpo y sentirlo.

No pocas enseñanzas y religiones nos hablan acerca de la abstinencia. Nos dicen que cuanto más reprimamos nuestros placeres corporales y más nos recluyamos, mayor será el avance espiritual. Sin embargo, la Cabalá sugiere justo lo contrario: deja las cosas mundanas y terrenales tal como están, deja de preocuparte demasiado por tu cuerpo y ocúpate de tu punto en el corazón. En vez de esforzarnos en reprimir nuestros deseos, la Cabalá recomienda que los dejemos tranquilos, porque restringiendo nuestros deseos *físicos* no corregimos el *alma*.

Pinceladas

¿Por qué tradicionalmente se estudia Cabalá en las primeras horas de la madrugada? Cuando la gente duerme, el «campo de pensamientos» a nuestro alrededor está mucho más calmado, y hay menos distracciones provocadas por los pensamientos de otras personas. Pero, también, porque los cabalistas tienen que trabajar por la mañana, como todo el mundo. Un auténtico cabalista tiene prohibido retirarse de la vida mundana.

La tríada cabalística

Sin estudio, no hay corrección. Por ello, el Creador nos ha enviado la tríada de la Cabalá: libros, maestros y grupos de estudio. Lo que resta de capítulo lo dedicaremos a describir cada una de esas herramientas —libros, maestros y grupos— con las cuales debemos trabajar.

Los libros: nuestras guías en la espiritualidad

Podemos alcanzar la espiritualidad gracias al estudio de los libros adecuados, es decir, libros escritos por un auténtico cabalista. Leer los libros correctos es como llevar consigo una guía turística en un país extranjero. Con ayuda de este libro guía, el viajero puede orientarse y comprender mejor todo lo nuevo que le rodea.

Necesitamos libros que se adecúen a nuestra alma, libros escritos por cabalistas próximos a nuestra generación. Y ocurre así, porque las almas que descienden en cada generación son diferentes: cada generación requiere un método de enseñanza específico.

En los libros cabalísticos existe una fuerza especial. Por ello, cualquier persona que estudie estos libros bajo una correcta supervisión puede alcanzar el nivel espiritual del autor. Los estudiantes que sigan las directrices de los libros auténticos sobre esta sabiduría llegarán a sentir la unión con lo espiritual. Explorando sus textos, se elevan poco a poco hasta el nivel del autor.

Siempre que leamos las obras de los llamados justos, podremos unirnos con ellos gracias a la Luz Circundante (ver apéndice): recibimos Luz que purifica nuestras vasijas de recepción impregnándolas con el espíritu del Creador.

Nosotros, como habitantes de este mundo, asimilamos distintas imágenes e impresiones, gracias a las cuales podemos describir lo que sentimos. Sin embargo, los libros cabalísticos describen las experiencias de aquellos que sienten el mundo espiritual. El autor expone sus sensaciones sobre un mundo que la mayoría de nosotros no conoce. Esta es la razón por la que libros y escritores cabalísticos son únicos. Un maestro cabalista no es, simplemente, alguien que siente el Mundo Superior, sino una persona que puede describir emociones, de tal manera que otros puedan llegar a sentir y comprender esas mismas emociones. Al estudiar los libros de los cabalistas, empezamos a cultivar los sentidos que nos faltan, aquellos que, precisamente, debemos desarrollar para lograr la percepción del Mundo Superior.

Los textos en el Lenguaje de las Ramas

Podemos encontrar numerosos libros cabalísticos escritos en diversas formas y estilos, y elaborados por cabalistas con varios grados de alcance. Por ello, es esencial que sepamos qué libros estudiar.

Cuando un cabalista capta la espiritualidad, lo hace a través de experimentos, exactamente igual que nosotros, al experimentar los sucesos de este mundo físico a través de los sentidos corporales. Sin embargo, para los cabalistas es una tarea complicada encontrar las palabras exactas, pues los objetos del ámbito espiritual son muy distintos a los objetos de nuestro mundo físico.

Algo así, también, sucede en nuestro mundo. No siempre somos capaces de expresar nuestros sentimientos y recurrimos a vagas palabras o gestos. Por eso, los libros sobre Cabalá no son fáciles de entender: hasta que no alcancemos una conexión con la espiritualidad, estaremos leyendo simples palabras, sin tener ningún tipo de comprensión del mensaje que encierran.

Aciertos

No debemos sentirnos frustrados, si lo que ayer nos parecía evidente, hoy se vuelve confuso. Dependiendo de nuestro ánimo y el estado espiritual a la hora de leer, el texto se revelará lleno de sentido o totalmente incoherente. No hay que rendirse cuando el texto nos resulta equívoco, extraño o ilógico: la Cabalá se estudia para alcanzar una nueva visión o percepción. Nunca para aumentar nuestros conocimientos de tipo técnico.

Asimismo, debemos recordar que la Cabalá utiliza lo que denominamos el Lenguaje de las Ramas, descrito en el capítulo 9. El mundo espiritual y el nuestro son mundos paralelos. No hay ni un solo objeto, fenómeno o fuerza en este mundo que no sea consecuencia del Mundo Superior. Por consiguiente, los cabalistas toman nombres de nuestro mundo para poder describir los objetos espirituales que constituyen las raíces de este mundo físico.

Una persona normal, entendiendo por ello alguien sin una «pantalla espiritual», todavía entiende los libros de Cabalá como una especie de cuentos de hadas, que tienen lugar en nuestro mundo. Pero, quien ya es un cabalista no se deja confundir por las palabras porque ya sabe precisamente de qué «rama» proceden y cuál es la raíz de la que brota cada rama en este mundo.

Desaciertos

Uno de los errores más frecuentes entre principiantes es atribuir fuerzas espirituales a las ramas en vez de fijarse en las raíces. Por ejemplo, puesto que tenemos un estado espiritual llamado «agua» (*Jasadim*, misericordia), también tenemos agua en nuestro mundo. Pero eso no quiere decir que bebiendo agua uno se vuelva misericordioso.

Libros que nos ayudan a alcanzar nuestra meta

No todos los libros —y aquí también, incluimos los auténticos— tienen la misma capacidad para impulsarnos hacia el mundo espiritual. En ese sentido, como ya explicamos en el capítulo 1, la Cabalá ha sido erróneamente asociada a lo largo de los siglos con diferentes disciplinas, por lo que es importante examinar con cautela los libros que caen en nuestras manos. Este mismo principio de cautela es también aplicable a los sitios en internet.

Para simplificar la labor, la mayoría de los cabalistas recomiendan dejar a un lado todos los libros de Cabalá que no sean *El Zohar*, los escritos del Ari o los escritos de Baal HaSulam. Esta puede ser la actitud más apropiada para aquel que desea dedicarse a estudiar seriamente a lo largo de su vida. Para los demás, los libros de introducción sobre los escritos que acabamos de mencionar pueden ser la mejor opción. En el apéndice citamos algunos de ellos. El presente libro proporciona esa introducción a las fuentes originales, para que el lector pueda realizar la mejor elección a la hora de proseguir su estudio.

Encontrar al maestro adecuado

Pero ¿cuál es la forma correcta de estudio? ¿Cómo saber si estamos estudiando de la manera adecuada? Los estudiantes que avanzan correctamente son aquellos que trabajan sobre sí mismos, sobre su «yo» interno, mientras les guía un maestro.

Llegar a experimentar al Creador requiere de un maestro, el cual guiará al discípulo a medida que este va elevándose al nivel espiritual de su maestro y uniéndose con él en sabiduría y pensamientos.

De hecho, hoy en día una persona por sí sola no puede adentrarse en el mundo espiritual. Sería como el caso de un individuo que empezara a desarrollar toda la física o la química, para después desarrollar toda la tecnología relacionada con ellas. O semejante a vivir como un neandertal, sin emplear todos los logros alcanzados por la humanidad. Es decir, no tendría sentido.

Por ello, un estudiante inicial necesita un maestro que ya haya alcanzado el Mundo Superior para que pueda mostrarle cómo subir cada peldaño hacia la espiritualidad. El maestro muestra el camino a su discípulo, pero el estudiante sólo llegará a entender su conexión con el maestro, una vez que haya alcanzado el Mundo Superior de manera independiente.

La unidad con el maestro tiene lugar en las etapas preparatorias, pues ambos se encuentran en el nivel de este mundo. Sin embargo, la unidad con el Creador es posible sólo al experimentar el Mundo Superior. El maestro es el líder en ese viaje y el contacto y la conexión con él llevan al contacto y la unión con el Creador.

Que decida tu corazón

Chispas espirituales

Cuando le pregunté a mi maestro, el rabí Baruj Ahslag, cómo podía mostrarme si él era el maestro adecuado, me respondió lo siguiente: «No tengo respuesta para ti. Es algo que deberás responder en tu propio corazón. No debes creer a nadie más. Por eso te animo a que vayas y busques por todas partes, y si encuentras un lugar mejor, allí es donde deberías quedarte».

¿Cómo encontramos a ese maestro? La Cabalá nos da una respuesta muy sencilla: estudia allí donde tu corazón te diga, allí donde sientas que es tu hogar. El maestro adecuado no intenta convencernos para que pensemos esto o lo otro. La Cabalá es una sabiduría que aprendemos eligiendo libremente. Y es así, sin coerción, como tiene lugar el avance espiritual.

Cuando nos alejemos de los intentos de persuasión por parte de agentes externos, de todo lo que hemos escuchado a lo largo de la vida, y sintamos en el corazón que hemos encontrado un maestro, un lugar para estudiar, entonces deberíamos quedarnos. Esta es la única prueba válida, nada más será de ayuda.

Como el rabí Baruj Ashlag dijo: «Sed críticos y dudad de todo. Lo más importante es liberarse de todo tipo de prejuicios, educaciones y opiniones públicas. Liberarse de todos esos factores externos e intentar absorber lo que tu naturaleza te dice. Eso sería lo más cercano a la verdad, porque cualquier tipo de educación, cualquier opinión externa, supone coerción».

Desaciertos

El papel de los maestros en Cabalá es algo muy sutil. Debe dirigir al estudiante, de manera que se aleje de sí mismo y se encamine hacia el Creador. Y no hay ser humano que sea capaz de evitar la atención y admiración que sus estudiantes vierten sobre él; a menos que haya trascendido el ego y entrado en el Mundo Superior. Entonces ¿cómo saber si el maestro que hemos elegido es el adecuado? ¡Qué decida el corazón!

Estudio en grupo

Todos los grandes cabalistas como el rabí Shimon Bar Yojay o el Ari estudiaron en grupos. El grupo es algo esencial para progresar, la herramienta principal en Cabalá. Todo se mide en relación a nuestra contribución al grupo.

La persona que estudia sola, únicamente puede usar su propia vasija para recibir la Luz del Creador. Pero los que estudian en grupo llegan a crear una vasija espiritual formada por todos los que en él participan, disfrutando todos ellos de su iluminación.

Por otro lado, hay que señalar que, en nuestro mundo de hoy con todas sus posibilidades tecnológicas, un grupo no tiene que reunirse de manera física. Puede tratarse de un grupo de gente con intereses afines, que comparten un mismo objetivo (espiritual), y que se reúnen en internet. Con estos grupos virtuales podemos entrar en contacto en el siguiente correo electrónico: spanish@kabbalah.info

Deseos conjuntos

El grupo da fuerza. Los deseos individuales por la espiritualidad son pequeños, y la forma de hacerlos aumentar es mediante la unión de deseos. Varios estudiantes juntos son capaces de estimular la Luz y proporcionar un campo de fuerza unificada mucho más potente que el que pudiera conseguir un individuo solo.

La razón es que todos somos parte de la misma alma, *Adam Ha-Rishón*. Por lo tanto, la mezcla de sus partes en un todo hace las veces de vasija colectiva y atrae más Luz. Dicha Luz afecta a cada persona en el grupo, y de ese modo todos sus miembros se corrigen tanto individual como colectivamente. El grupo es como una sociedad cooperativa. Podemos caer y estar desprovistos de todo lo que teníamos en nuestro estado espiritual previo, pero el grupo continuará existiendo y hará que el deseo se mantenga. Nuestra contribución al grupo continúa existiendo, independientemente del estado en que nos encontremos.

Que la Luz fluya en el interior

El rabí Yehuda Ashlag dijo que debemos pensar en los miembros del grupo como grandes seres (en espiritualidad), y esto nos ayudará a empaparnos de su fuerza espiritual cuando nos encontremos en un estado personal de caída. Es algo así como el principio de los vasos comunicantes, según el cual el agua siempre fluye hacia el punto más bajo. Si imaginamos la Luz, o fuerza espiritual, como si fuera agua, entonces todo lo que tenemos que hacer es sentirnos inferiores a nuestros amigos y la Luz que hay en ellos fluirá hasta nosotros. A su vez, esto ocasionará la llegada de más Luz desde Arriba hacia ellos.

Este proceso ocasiona un constante progreso de todo el grupo porque, aunque los roles de los miembros del grupo puedan cambiar en función de sus estados espirituales, el avance del grupo hacia la espiritualidad no se detiene.

Aciertos

La información en este libro es la base desde la que iniciar el viaje hacia la percepción de las fuerzas de los Mundos Superiores. Sin embargo, esto es sólo el comienzo. En etapas posteriores de nuestro ascenso, los avances únicamente llegan de la mano de un maestro y un grupo, ya sea de manera presencial o virtual.

¿Cómo sacar el máximo provecho al estudio en grupo? Muy sencillo: empapándonos de la importancia que el grupo concede al objetivo de la unión con el Creador. Esto es lo que los convierte en nuestro prójimo y a ello precisamente se refiere el versículo «ama a tu prójimo como a ti mismo».

Si somos capaces de escucharlos, de valorar a nuestros amigos en el grupo, seremos capaces de absorber ese mensaje de grandeza del Creador, la grandeza de dar. Y en ese momento podremos hablar de un grupo de cabalistas.

El estudio de la Cabalá a larga distancia

Los cabalistas están dispuestos a ayudar: saben que no es posible que todo el mundo tenga un profesor particular sentado justo a su lado, sin embargo hay profesores disponibles para todos, no importa donde estemos.

El avance en comunicaciones permite la conexión entre grupos y profesores. Todo se desarrolla en la medida que resulta necesario para nuestra corrección final; esta es la razón por la que las comunicaciones han alcanzado el actual punto de desarrollo. Las redes sociales, el aprendizaje *on-line*, internet de alta velocidad a buen precio... todo ello contribuye a que el estudio de la Cabalá sea accesible a todo el mundo.

Baal HaSulam, el rabí Kuk, así como otros grandes cabalistas, señalaron que la enseñanza debía adaptarse a las necesidades de hoy. En ese sentido, internet ofrece una plataforma ideal para el estudio de la Cabalá. Podemos ver lecciones en vivo o descargarlas en el momento que deseemos. Podemos participar en encuentros mundiales virtuales, en conferencias de estudiantes, y varias veces al año viajar a reuniones regionales de amigos para fortalecer la conexión con ellos. El sitio de Bnei Baruj, www.kabbalah.info/es, ofrece todas estas posibilidades en línea sin coste alguno.

En pocas palabras

- La Cabalá no sólo está abiertamente dirigida a todos, sino que su divulgación es necesaria, dado los tiempos que vivimos.
- No hay coerción en la espiritualidad: debemos estudiar donde nos dicte el corazón.
- La tríada de Cabalá está formada por los libros (adecuados), el maestro (adecuado) y el grupo (adecuado).
- Hoy en día estudiar con un grupo virtual es tan eficaz como estudiar con un grupo físico.

Capítulo 13

Que hable la música

LO ESENCIAL

Cuando fallan las palabras, siempre queda la música.
Los dos estilos de música cabalística
(y los dos estados de ánimo).
La música y el mundo venidero.

La música forma parte inseparable de la espiritualidad de los cabalistas que, desde siempre, han compuesto melodías nacidas desde el grado espiritual en que se encontraran. Para ellos supone otro modo de expresión.

No existen las palabras en los Mundos Superiores, por eso, donde no llegan las palabras, llega la música. Para un estudiante de música, para cualquier persona sensible a ella, esta puede resultar tan beneficiosa y poderosa como los libros, a veces incluso más.

No sólo con palabras

Una vez que empieza a percibir el Mundo Superior, el cabalista entra en una dimensión distinta. Ante él se revela todo un mundo lleno de abundancia, de esplendor, de algo que no puede encontrar en este mundo.

Es entonces cuando el cabalista empieza a percibir una imagen completamente distinta: fuerzas que activan nuestro mundo y almas que no se encuentran atrapadas por los cuerpos. Presente, pasado y futuro se hallan ante él. Además de experimentar todo esto, vive colmado con una sensación perfecta y eterna, un sentimiento que abarca todo el universo.

No hay palabras que puedan expresar una experiencia emocional tan intensa, ¿cómo puede describirse algo que no puede ser tocado ni visto? El cabalista debe «sentir» esos mundos.

Cuando no alcanzan las palabras, la música entra en juego y puede proporcionar un entendimiento que sobrepase la comprensión humana. La música tiene el poder de llegar muy dentro de nosotros, de hacernos sentir cosas que van más allá de las simples palabras.

Chispas espirituales

Cuando los inferiores comienzan sus vidas con una canción... los Superiores les conceden más fuerzas para que los inferiores puedan alcanzar la Luz Superior de la Sabiduría que se ha revelado en ZON, del Mundo de Atzilut y en los ángeles que lo preceden. De ese modo, los inferiores aumentan las fuerzas y la luminiscencia de la sabiduría en los Reinos Superiores.

Rabí Yehuda Ashlag, *Comentario Sulam sobre el Zohar*

La música conmueve de un modo especial

Los cabalistas emplean textos para poder explicar los niveles de espiritualidad que han alcanzado. Pero en sus escritos sólo nos orientan para lograr alcanzar una impresión, una sensación, y descubrir una realidad. Nos detallan las acciones que debemos poner en práctica internamente en nuestros deseos, pantallas y *Reshimot*, en todo lo que contiene nuestra alma.

En efecto, los libros afirman: «Lleva a cabo determinadas acciones y descubrirás determinadas cosas». Sin embargo, no nos describen qué vamos a *sentir* con ello, pues ciertas sensaciones resulta imposible expresarlas con palabras.

Podríamos compararlo al hecho de ofrecer un alimento novedoso a alguien diciéndole: «¡Prueba y verás su sabor!». Sea amargo o dulce, sólo alcanzamos a adivinar lo que la persona va a sentir y cómo lo va a percibir. Porque la sensación en sí es experimentada únicamente por la persona que lo prueba, por nadie más.

Por eso, es tan difícil para los cabalistas expresar lo que sienten, lo que tienen ante ellos, lo que se les revela, es decir, la apariencia del mundo que está oculto a nuestros ojos. Sólo hay un medio que logra expresar las impresiones y el deleite de la persona a quien le ha sido revelado el Mundo Superior: la música. Por este motivo, además de escribir materiales profundos y complejos, los cabalistas también suelen componer melodías y canciones. Es una forma más de expresar las sensaciones de un cabalista de un modo más conciso, de corazón a corazón y prescindiendo de palabras, para que esas melodías impregnen lo más profundo de nuestro ser y, de algún modo, consigan cambiarnos. Que nos hagan sintonizar con la percepción del Mundo Superior.

Aciertos

Incluso con la música resulta difícil transmitir con precisión las impresiones del Mundo Superior. Nosotros no contamos con los *Kelim* (vasijas), los órganos sensoriales o los atributos internos, que poseen los cabalistas que han alcanzado los Mundos Superiores. La música nos ayuda a captar cierta impresión de los Mundos Superiores, una sensación bastante parecida a ellos, aunque no deja de ser una réplica atenuada.

Sumergiéndonos en la Luz

La música cabalística expresa el estado espiritual del cabalista, que compone sus melodías para describir la experiencia de dos estados opuestos en la espiritualidad. El primero es la agonía, resultado de un alejamiento del Creador. Esa sensación de separación produce una música triste que expresa un deseo de acercamiento. La segunda emoción es el deleite por la proximidad al Creador y se traduce en música alegre llena de gratitud por esta circunstancia. Uno y otro matiz son perceptibles siempre que escuchamos música cabalística.

Ambas en conjunto expresan la relación del cabalista con el Creador, así como su unión con Él. Aunque la melodía pueda provocar las lágrimas en quien la escucha, disfrutamos con sus notas, pues expresa aflicciones que han sido resueltas con éxito. A esto, en Cabalá, se le denomina «endulzar los juicios».

La música sumerge a quien la escucha en una Luz maravillosa, sin necesidad de saber nada sobre ella de antemano: carece de palabras pero, aun así, sus efectos en el corazón son inmediatos. Escucharla una y otra vez supone una experiencia única.

Al sentir la música, no necesitamos imaginar las formas de la espiritualidad que describen los libros. Dichas formas no existen en ningún sitio, salvo en nuestro interior; pensar de otro modo sólo lleva a confusiones. Pero lo más especial acerca de esta música, es que todo el mundo puede comprenderla aunque no hayamos alcanzado el nivel espiritual del compositor. Mediante su música, los cabalistas nos dan la oportunidad de compartir sus sensaciones espirituales.

Las melodías del mundo venidero

En Cabalá, las melodías bien pueden ser definidas como melodías del «Mundo Venidero», porque cumplen con el cometido de traer los Mundos Superiores hasta este mundo. El canto despierta bendiciones que, desde Arriba, se manifiestan en todos los mundos inferiores.

Como dijo el rabí Elazar Azikri (1533-1600): «Aquellos que aspiran cantarán alabanzas a las alturas espirituales, a los Superiores e inferiores, enlazando todos los mundos con una atadura de fe». (En Cabalá, «fe» quiere decir alcance del Creador.)

Afinando nuestro instrumento interior

Para comprender lo que el compositor cabalista quiere expresar en la melodía, sólo necesitamos escuchar y nuestro entendimiento se pondrá en marcha automáticamente. Cada vez que disfrutamos de las melodías de un cabalista, estamos dejando que nos influyan sus impresiones sobre la espiritualidad.

Hay un alma en cada uno de nosotros y el alma de un cabalista es semejante a un instrumento musical que toca afinado, que suena bien, algo así como la lira del bíblico rey David. No se trataba de una lira al uso, sino que era el *Kli* interno (vasija/instrumento) del alma de un cabalista. En él, el cabalista siente la realidad de cierta manera y lo expresa mediante melodías.

Chispas espirituales

Cuando una persona adquiere la cualidad de *Biná* —la misericordia— se siente calmada, serena. Y así lo expresó el rabí Baruj Ashlag en una dulce melodía con las palabras del Salmo 116: «Porque has liberado mi alma».

Armonía espiritual

Podemos emplear las melodías cabalísticas para conectarnos a las raíces espirituales desde las que fueron compuestas sin tener que realizar grandes esfuerzos: sencillamente con relajarse y disfrutar la música.

Cabe señalar que cada nota contiene información. Las notas en Cabalá no se disponen de manera aleatoria, sino que su armonía se compone sobre pautas cabalísticas y se eligen de acuerdo al modo en que está construida el alma. Constituyen un medio para subir la escalera. Y el lector, al escucharlas, sentirá cómo llegan a lo más hondo de su alma sin impedimentos, pues existe una conexión directa entre el alma y la raíz de las notas.

Retrocedamos al capítulo 10 y recordemos la naturaleza espiritual de las letras hebreas y su valor numérico. Lo esencial en la música cabalística no son las notas en sí, sino todos los sutiles matices que existen entre ellas.

Para hacernos una idea: en ese capítulo dijimos que existen *Taamim* (sabores), *Nekudot* (puntos en la parte inferior, superior e interna de las letras), *Taguin* (coronas encima de las letras) y *Otiot* (letras). Todos ellos representan matices formados con las impresiones que deja la Luz, como por ejemplo, aquellas de las *Reshimot* que abandonan y vuelven a entrar en la vasija espiritual.

Chispas espirituales

El canto es una llamada del alma... la canción que consigue despertar, tanto a Superiores como a inferiores, en todos los mundos. Como un manantial desde Arriba es la canción, sosiego que nos llega del Superior, Divina misericordia. La canción adorna el Nombre Sagrado y Supremo, Máljut, el receptáculo del Creador. Y por ello, es Santa entre las Santas.

Rabí Yehuda Ashlag, *Comentario sulam sobre el Zohar*

Ocurre lo mismo con las melodías. Los músicos que saben cómo interpretar melodías cabalísticas son escasos y no están precisamente cerca unos de otros. La diferencia entre alguien que toca bien y alguien que toca *correctamente* se encuentra en hasta qué punto entienden donde reside lo importante. Lo más importante no está en los sonidos en sí mismos, sino en los más pequeños detalles: en cómo comienzan y terminan esos sonidos.

Yo tuve un maravilloso estudiante que tocaba el violín. «Estoy dispuesto a tocar siempre y cuando tú sujetes mi mano» solía decirme. Y tenía razón: la música cabalística no consiste en interpretar la nota exacta, sino en lograr transmitir el sentimiento acertado.

En pocas palabras

- La música es otro medio para que los cabalistas expresen sus estados espirituales.
- La música cabalística nos permite *sentir* lo que el libro expresa mediante palabras.
- Las canciones cabalísticas muestran la interacción de dos estados de ánimo: la angustia que produce alejarse del Creador y la alegría de acercarnos a Él.
- Al final lo único que necesitamos es relajarnos, escuchar la música e intentar impregnarnos de las emociones que los cabalistas revelan en su música.

III

La Cabalá hoy

Ahora ya sabemos qué es la Cabalá y cuáles fueron sus orígenes, pero ¿cómo interacciona con el mundo actual? En esta sección abordaremos, desde un punto de vista cabalístico, las causas de la crisis mundial que ahora atravesamos.

Puede que el lector se pregunte: «¿Y en qué me afecta a mí todo esto?». Bien, también vamos a debatir nuestro papel en la situación general, ver cómo podemos autoayudarnos pero también cómo podemos ayudar a nuestro entorno particular y al mundo en general.

No hay que olvidar que somos una sola alma. «Lo que me ocurra a mí, te afecta a ti directamente», esto significa que tenemos la facultad de ejercer una influencia sobre otras personas que quizá estén al otro extremo del mundo. Esta parte final del libro nos ayudará a comprender cómo usar la Cabalá para hacer del mundo un lugar mejor.

Capítulo 14

La era global

LO ESENCIAL

Cómo nos influimos unos a otros.
Juntos nos levantamos y juntos nos caemos.
Al borde de la secuencia de deseos.
El potencial (y el peligro) de los grandes deseos.
Lo egoístas que podemos llegar a ser.

No es ninguna novedad que el mundo está en crisis. Pero lo peor de todo no es que ya no nos sintamos tan felices o a salvo como antes: lo peor es la sensación de haber perdido el control. Cada vez parece más complicado soñar con un futuro esperanzador. Y esa es la verdadera crisis.

Los médicos conocen un proverbio que dice: «Hacer un buen diagnóstico significa tener al paciente medio curado»; todo el proceso de curación dependerá de ello. En este capítulo vamos a investigar las raíces de la actual crisis, así como las fórmulas para salir de ella, para sanarnos. Presentaremos aquí los conceptos que vamos a desarrollar en próximos capítulos, en los que veremos cómo implementar todo esto a nivel práctico.

Nuestra gran «canica» azul

Cuando los mineros se afanan por conseguir carbón en China, el aire se contamina en California. Cuando las emisiones de los coches americanos llegan a la atmósfera, el hielo en Groenlandia se derrite. Y cuando el hielo se derrite, sube el nivel del mar y los Países Bajos se hunden un poco más.

A las duras y a las maduras

Una de las cosas que, probablemente, más valoramos es la propiedad. A todos nos gusta tener una cierta cantidad de propiedad privada.

En capítulos precedentes dijimos que había cinco niveles de deseo: inanimado, vegetativo, animado, humano y espiritual. También dijimos que una vez existió una sola alma, llamada *Adam*, que se rompió en miles de pedazos que acabaron revistiéndose con cuerpos físicos en nuestro mundo.

Pero no importa lo lejos que nos sintamos unos de otros, somos una sola alma: *Adam*. Aunque una neurona sea ajena a un glóbulo de sangre, no significa que pueda vivir sin él. Sin el oxígeno que aportan los glóbulos, las neuronas y el cerebro morirían. Y nosotros también.

Por esa razón, a las duras y a las maduras, juntos debemos levantarnos y juntos nos podemos caer, pues estamos conectados.

Chispas espirituales

Toda esta realidad, la Superior y la inferior, es una... y fue emanada y creada por un Único Pensamiento. Este Único Pensamiento es la esencia de todas las operaciones, el propósito. Y en sí mismo es la entera perfección, «Uno, Único y Unificado».

Rabí Yehuda Ashlag, *El estudio de las diez Sefirot*

Asumir responsabilidades

Pensemos que un recién nacido no tiene ningún tipo de responsabilidad. ¿Por qué esto es así? Porque no tiene capacidad de pensar y procesar las cosas, aún no comprende el mundo que experimenta y por eso no se le puede hacer responsable de nada.

Sin embargo, un niño de cierta edad ya es responsable de determinadas cosas, aunque sólo sea de recordar llevar su desayuno a la escuela o de sacar al perro a pasear al final del día. Un joven ya cuenta con muchas más responsabilidades mientras todos esperamos de un adulto que sea capaz de asumir plena responsabilidad sobre su vida.

En el momento en que nos convertimos en padres, pasamos a ser responsables de otros también. Pero ¿qué ocurriría si fuéramos responsables de cada ser humano sobre la Tierra? ¿Y si esa responsabilidad no fuera, únicamente, hacia la gente que hoy habita el planeta, sino también hacia todos los humanos, animales, plantas y seres inertes que hayan podido existir desde el inicio de la creación hasta la eternidad? He aquí la responsabilidad a nivel espiritual.

Puede que esta responsabilidad suene como si se tratara de una pesada losa, pero ¿y si la responsabilidad no tuviera nada que ver con realizar las complicadas tareas que un estricto profesor exige a sus alumnos? ¿Y si la responsabilidad tuviera que ver más bien con el resultado de amar?

Todo el mundo ama a sus hijos; de este modo, la responsabilidad de su bienestar no sólo es natural, sino que es algo necesario para nosotros. Pero ¿y si sintiéramos el mismo amor y preocupación hacia el planeta y todo lo que habita en él, todas las criaturas que han vivido, viven y vivirán en un futuro? Ese amor inconmensurable es la dicha espiritual. La Cabalá nos ayuda a experimentar ese amor inmenso y hace que se convierta en algo inherente a nuestra naturaleza.

Como una unidad

¿Recuerda el lector cómo empezamos? Primero fue *Adam*, un alma. *Adam* era un alma buena, únicamente aspiraba a otorgar al Creador. Pero juzgó mal su capacidad de otorgar al Creador y ese error le costó muy caro. Y por ende, a nosotros también. Quedó fragmentado. Su alma se rompió en 600.000 pedazos que todavía, a día de hoy, siguen dividiéndose: de ahí los miles de millones de personas que pueblan el planeta. Todos ellos son pequeños fragmentos de esa alma original.

Pinceladas

Hay una explicación cabalística para la superpoblación de nuestro planeta y es el hecho de que nuestro egoísmo crece y se vuelve cada vez más difícil de corregir. Así, la única manera de hacerlo es «dividiéndolo» en pequeños trozos. Para que el egoísmo pueda ser corregido, tiene que «quedar envuelto» en un cuerpo físico. Por lo tanto, el número de personas en el mundo es el número de fragmentos del alma común (*Adam*) que actualmente necesitamos corregir.

La belleza de esto es que cada uno de nosotros es ambas cosas: un alma particular y una pieza de *Adam HaRishón*. Del mismo modo que cada célula de nuestro cuerpo contiene toda la información genética para dar vida a otro organismo, o que un holograma contiene en cada una de sus partes el total de la imagen que representa, en nosotros también existen todas las piezas de esa alma primigenia.

Pero para comprender que somos una sola alma, tenemos que querer sentirlo así. Esta sencilla norma rige toda la espiritualidad y la Cabalá: no debe haber coerción. Dicho de otro modo, no alcanzaremos aquello que no deseemos alcanzar.

Las células de nuestro cuerpo no «piensan» sobre cómo trabajan juntas. Sencillamente funcionan como una sola unidad. Y de no haber sido así no hubiéramos logrado rebasar la primera semana en el útero materno. De hecho, las explicaciones que proporciona la biología son el modelo perfecto de lo que la Cabalá describe como el alma común.

Cuando un embrión crece en el útero de su madre, en el instante en que las células comienzan a diferenciarse, ocurre algo ciertamente hermoso: empiezan a comunicarse y a cooperar unas con otras. Cuanto más diferentes se vuelven, más obligadas se ven a colaborar. La célula del hígado no es capaz de hacer lo que hace la del riñón, pues, este se encarga de expulsar toxinas que el hígado no consigue eliminar y a su vez el hígado crea nuevas células que el riñón no puede generar. De este modo, aunque uno y otro son distintos, cooperan. Y todas las partes del cuerpo se benefician de ello.

El momento de la unión

Al igual que nuestras células, las almas pueden trabajar cooperando entre ellas. Podemos vivir como unidades separadas, como seres unicelulares, pero es bien sabido que este tipo de criaturas están en la parte más baja de la pirámide de la naturaleza. Las criaturas en la cúspide de la pirámide son las pluricelulares. Cada célula en el cuerpo lleva a cabo una sola función, pero todas ellas colaboran en la manutención del organismo al que pertenecen.

Los cabalistas del pasado alcanzaron la espiritualidad por sí solos, dado que eran almas únicas con misiones también únicas, de ahí la asombrosa naturaleza de sus logros. Sin embargo, hoy las cosas han cambiado. Ahora que la Cabalá se abre a todos y es estudiada por tantos, lo cierto es que la gran mayoría de nosotros no alcanzará nada individualmente. Por el contrario, si nos constituimos en una unidad, podremos llegar mucho más lejos de lo que el hombre ha llegado nunca.

Por ello los cabalistas contemporáneos reiteran la importancia de divulgar los conocimientos cabalísticos. Desean que el mundo llegue a conocer todo esto, para que un mayor número de «células» se unan al trabajo colectivo del alma, al cuerpo espiritual.

Un poquito de mí en ti, y viceversa

Son muchas las consecuencias derivadas de ser un alma fragmentada. Una de ellas es que si yo me corrijo, estoy corrigiendo también la parte de mí que hay en ti. Y viceversa. Si tú te corriges, también se corrige el «tú» que hay dentro de mí.

Para ser más prosaicos, tomemos tres personas por separado como ejemplo: Juan, Alberto y Julia. Un buen día, Juan comienza a sentir su punto en el corazón y empieza a corregirse. Juan tiene un pequeño pedazo de Alberto dentro de sí y un trocito de Julia también. A su vez, los otros dos también contienen pequeñas porciones de los demás. Todos ellos son «células» en el mismo cuerpo espiritual y cada célula contiene toda la información genética para crear un cuerpo entero.

Cuando Juan empieza a corregirse, el Juan dentro de Alberto y el Juan dentro de Julia también se corrigen. Por supuesto, los otros dos no lo perciben porque no son Juan. No obstante, de manera subconsciente, el Juan dentro de ellos comienza a impulsarlos para que empiecen a considerar este nuevo concepto de espiritualidad.

De este modo Juan, subconscientemente, motiva a los otros dos para que se pongan a investigar por sí mismos. Su transformación sirve como modelo para la de ellos. Y esto es así porque la estructura básica de todo ser humano es la misma. Todos poseemos un punto en el corazón por lo que no tenemos que recibirlo de nadie. Únicamente necesitamos escuchar con una actitud abierta y nuestro punto en el corazón despertará. Ya hablamos en los capítulos 3 y 7 sobre lo decisiva que era la influencia de la sociedad a la hora de determinar nuestro crecimiento. Si queremos llegar a ser ricos, sólo tenemos que rodearnos de gente que desea dinero. Si aspiramos a ser abogados, debemos empezar a frecuentar ambientes de jueces y magistrados y escuchar lo que dicen.

Es algo más que simples técnicas lo que aprendemos cuando hablamos con las personas a las que nos queremos parecer. Nos empapamos de su *espíritu*. Impregnarnos del espíritu es lo más importante en todo lo que hacemos y marca la diferencia entre el éxito y la mediocridad, o incluso el fracaso.

Esto mismo es aplicable cuando hablamos de llegar a la espiritualidad, pues la forma ideal de hacerlo es rodearnos de gente que desea alcanzarla. Básicamente estamos hechos de deseos egoístas, pero también albergamos una pizca de espiritualidad (genuino altruismo), esto es, un *punto en el corazón*.

De este modo, si un buen número de personas me hablan acerca de la espiritualidad, conseguirán motivarme y sentiré que todos excepto yo tienen espiritualidad a raudales. Y, aunque no se corresponda con la realidad, esto surte efecto a la hora de hacerme desear la espiritualidad con mucha más intensidad, acelerando así mi progreso. A su vez, mi avance impulsa el progreso de otros y su ficticia espiritualidad se hace realidad.

Desaciertos

Si nos encontramos en un ambiente de gente con una visión negativa —hacia la sociedad o hacia sí mismos—, inevitablemente comenzaremos a pensar como ellos. La única forma de asegurarnos un avance en la dirección positiva es rodearnos de gente que también camina en la misma dirección.

Salvarnos... y salvar todo lo demás

Hoy día muchos ya se dan cuenta de que el hombre es el único elemento destructivo en la naturaleza. Y hay una razón para ello: internamente no somos parte de la naturaleza. Nuestros cuerpos pertenecen al reino animal, sin embargo nuestras mentes no. Nuestra mente es el reflejo de nuestro yo elevado y espiritual, que aún se encuentra oculto a nuestros ojos.

Los animales no necesitan recibir educación sobre cómo comportarse, su comportamiento está muy interiorizado en ellos, codificado y grabado en sus genes ya desde antes de nacer. Si nosotros sólo tuviéramos un componente animal, nos sucedería igual. Pero ese no es el caso y aquí reside todo el problema.

Cuando un bebé aprende a gatear debemos vigilarle para que no se haga daño, su cuerpo puede hacer cosas que su mente aún no puede controlar. Para que un pequeño pueda librarse del peligro no tiene que desarrollar su cuerpo: lo que necesita es desarrollar su mente para que llegue a controlar su cuerpo.

Hay una regla en Cabalá: «Lo general y lo particular son equivalentes». Esto significa que lo que se cumple para un individuo, también se puede aplicar al conjunto general. Y viceversa. Al igual que un bebé, la humanidad debe desarrollar su mente para que su cuerpo —el cuerpo colectivo que forma toda la humanidad— no llegue a lastimarse.

Por desgracia aprendemos despacio. Y la Tierra sufre las consecuencias: estamos extinguiendo todas las criaturas y explotando todos los recursos materiales. Pero nosotros también estamos saliendo perjudicados por ese comportamiento, seguramente mucho más que ninguna otra criatura. Sólo hay que echar un vistazo a la tasa actual de enfermedades degenerativas para darnos cuenta de lo que nosotros mismos nos estamos provocando.

Para detener esta actitud de explotación, debemos primero modificar nuestra mente, algo que sólo lograremos cuando corrijamos el componente espiritual que existe en todos nosotros.

Chispas espirituales

La voluntad del Superior es ley de obligado cumplimiento para el inferior.
Rabí Yehuda Ashlag, *El estudio de las diez Sefirot*

El espíritu por encima de la materia

La norma más básica en Cabalá se denomina «el grado más alto gobierna». El espíritu está por encima de la materia. Probablemente nadie lo discute. Por ello, para cambiar nuestro mundo, debemos llegar al punto del cual nace la corrupción: la mente humana.

Cuando los humanos solamente eran animales sofisticados, el mundo no iba tan mal. No estaba en peligro. Sin embargo en el momento que quisimos controlarlo, cuando empezamos a desarrollar nuestro egoísmo, fue cuando empezaron los problemas para nosotros y para el planeta en general.

Si logramos corregir nuestro espíritu, nuestro cuerpo actuará de manera natural en armonía con toda la naturaleza. También con el Creador. No tendremos que preocuparnos por salvar animales prácticamente extinguidos, la propia naturaleza lo hará. Después de todo, así lo estuvo haciendo durante millones de años, mucho antes de la aparición de los humanos, y ella ha tenido mucho más éxito que nosotros.

En la secuencia de deseos

Existe otra norma en Cabalá: «Aquel que es más grande que su amigo, su deseo es más grande que él mismo». Esto quiere decir que, si Juan, por ejemplo, tiene un deseo más grande que el de Alberto, el deseo de Juan es más grande que el propio Juan. Dicho de otro modo, durante el proceso de corrección, siempre estamos un paso por detrás de nuestros propios deseos. Este es un proceso que tiene lugar de manera deliberada. No es que nuestros deseos crezcan, sino que van apareciendo uno a uno, desde los más sutiles hasta los más intensos. Tan pronto acabamos de corregir un deseo, aparece el siguiente.

¿Recuerda el lector las *Reshimot*? Forman una secuencia de deseos que nos conducen a subir la escalera espiritual. Por eso Juan, que ya ha corregido su deseo anterior, es mayor que Alberto, que no ha corregido el nivel de deseo en que se encuentra. No obstante el deseo de Juan es mayor que el propio Juan, pues le conduce al siguiente nivel.

Deseos fuera de control

Ya hemos dicho que los deseos crecen de generación en generación y la nuestra posee los más intensos de toda la historia de la humanidad. Y también los peores. Los cabalistas han expresado gráficamente lo que opinan de esta generación a través de las palabras: «El rostro de la generación es como el semblante de un perro». Los deseos se están descontrolando hasta el punto de que la gente ya no logra satisfacerlos. De ahí, las escandalosas tasas de violencia y depresión en la sociedad moderna.

Pero las personas en esta generación no son simplemente más ambiciosas que sus progenitores. Hoy, por primera vez, hay un deseo de saber cómo funcionan las cosas, de controlar la creación —¡de equipararnos al Creador!— y este deseo no existe sólo en unos cuantos, sino en millones de personas. Cada vez hay más gente que no se contenta con las respuestas proporcionadas por los medios tradicionales. Quieren averiguarlo por sí mismos y obtener respuestas certeras, porque dar por buena la palabra de otra persona simplemente ya no funciona. La gente necesita un método que sirva para revelar el deseo general y ese método es la Cabalá.

La tecnología no ha cumplido su promesa

Mientras no usemos el método que pueda satisfacer nuestro deseo más profundo —conocer a quien diseñó el mundo y aprender de Él, por qué lo hizo y cómo— no seremos felices. Pero, como ya hemos señalado, cuanto más deseamos, más se desarrolla nuestro cerebro para lograr aquello que anhelamos.

La tecnología no va a detenerse por la aparición de un nuevo deseo. Pero mientras esa tecnología no vaya acompañada por el estudio de los Mundos Superiores, sólo nos hará sentir peor. No hay nada de malo con la tecnología en sí misma, los humanos estamos convencidos de que puede hacernos más felices, porque hace la vida más rápida, cómoda y emocionante. Sin embargo, lo único que realmente todo esto puede hacer es mostrarnos de manera más sencilla y rápida lo vacíos que estamos por dentro.

Para que el conocimiento nos haga felices, necesita ir dirigido a fines espirituales. Cuando así lo hagamos, nuestro saber abrirá nuevos aspectos de sí mismo que nos permitirán ver nuestro mundo bajo una luz que nunca imaginamos que podía existir. *El Mundo Superior no es un lugar diferente: es una perspectiva diferente.*

Un gran potencial

En vista de lo dicho sobre los deseos que crecen y el progreso científico, ahora podemos empezar a ver nuestra situación actual desde un punto de vista espiritual. En el pasado, la gente no era tan miserable ni tan egoísta como hoy.

La gradual aparición de las *Reshimot* explica este cambio. Cuando las *Reshimot* de los deseos más pequeños aparecen, no resultan deseos tan nefastos. Sin embargo actualmente las últimas *Reshimot* que son además las más egoístas están haciendo su aparición.

Pero esto no es algo malo en sí: nos puede servir como presión para alcanzar logros mayores. Si jugamos bien nuestras cartas —si encauzamos esos feroces deseos en la única dirección constructiva que existe—, entonces el cielo (o deberíamos decir el paraíso) es el límite.

Desear la mano de la hija del rey

No podemos controlar qué deseos van a ir surgiendo, sin embargo podemos controlar lo que hacemos con ellos una vez que aparecen. La gente todavía quiere dinero, poder y conocimientos. Pero, al mismo tiempo, el hombre se siente cada vez más frustrado y deprimido porque bajo esa superficie (los cimientos de todos esos deseos son espirituales) la gente quiere controlar *todo*, quiere saberlo *todo*.

De acuerdo que la mayoría de nosotros no sentimos esos deseos. Sin embargo los tenemos, porque está en la naturaleza humana quererlo *todo*. La única razón por la que no los sentimos es que somos lo suficientemente realistas como para saber que nunca los obtendremos, por lo que, inconscientemente, no permitimos que surjan.

En términos cabalísticos a esto se le denomina «un hombre no desea la mano de la hija del rey». Pero aunque uno sepa que no puede acceder a la hija del rey, eso no implica que no deseemos algo así. Y aparece la frustración.

Pero lo cierto es que, aunque yo tuviera a la hija del rey, aun así no estaría satisfecho. Un deseo tan grande realmente se origina en la espiritualidad y sólo mediante la espiritualidad puede llegar a ser plenamente satisfecho.

Si dirigimos estos deseos hacia la raíz desde la que brota cada deseo y cada placer, podremos experimentar su satisfacción inmediatamente después de haber experimentado el deseo en sí. Como una interminable cadena de deseos y placeres engarzados hasta el infinito.

¿Y qué haríamos entonces? Dejarnos llevar y disfrutar.

Egoístas hasta la médula

No debemos preocuparnos por el tipo de deseos que aparecen en nosotros. Muy en el fondo, todos somos potenciales malhechores de la peor calaña que podamos imaginar. Pero no significa que tengamos que cumplir esos deseos; la mayoría de nosotros no lo hace.

Sin embargo, si reconocemos que también existe ese lado oscuro en nosotros, si nos damos cuenta de lo egoístas que somos, ya es un muy buen comienzo. Es entonces cuando podremos experimentar cambios en nosotros mismos y en el mundo que nos rodea también.

Nada bueno surgió de algo que ya era bueno: las mejores cosas siempre nacen a partir de las crisis, pues ellas son oportunidades para el cambio. Y cae por su propio peso deducir que, dado que la presente crisis es la peor, la oportunidad de crecer y progresar se presenta como nunca antes.

Cómo empezar el cambio

Ahora nos hacemos esta pregunta: «¿Qué necesito hacer?». No tenemos que *hacer* nada, sólo tenemos que *pensar*. Esa es la grandeza de la Cabalá. De vez en cuando podemos volver a hojear algún libro sobre Cabalá, ver alguna lección en vídeo o hablar de ello con los amigos. Es suficiente para que el cambio dé comienzo.

La naturaleza nos creó egoístas y la propia naturaleza nos cambiará. Pero, para que esta transformación tenga lugar, debemos desear que ocurra. Es lo único que nos debe preocupar: querer cambiar.

En pocas palabras

- Estamos conectados y todos nos influimos unos a otros, para bien o para mal.
- Es hora de crecer y asumir responsabilidades.
- Puesto que todas las partes están interrelacionadas como células en un organismo, al cambiar las partes producimos cambios en la totalidad.
- Nunca hubo un deseo mayor por saber cómo funciona el mundo y comprender los secretos no revelados.
- La oportunidad de cambio y crecimiento es mayor en estos tiempos de crisis.

Capítulo 15

El diagnóstico es la mitad de la cura

LO ESENCIAL

¿Dónde reside el libre albedrío y quién puede ejercerlo?
La composición básica de la naturaleza.
La realidad como reflejo de nuestros deseos.
¿Son necesarios los lujos?

En el capítulo precedente, hablamos de los males que aquejan a la sociedad. Como mencionamos en el capítulo 14, para remediar esta crisis primero hay que diagnosticarla. Y esto ya supone parte de la sanación. A partir de esta idea, en el presente capítulo empezaremos viendo qué podemos hacer a nivel práctico para llegar a la raíz del problema y cómo la Cabalá nos permite actuar a nivel personal y social. También revisaremos lo que hemos visto sobre nuestra percepción de la realidad y aprenderemos a utilizar esa información. Como podremos comprobar, al reconocer el mal en la sociedad —y lo que es más importante, el mal que hay en nosotros mismos— estaremos haciendo del mundo un lugar mejor.

Entendiendo la naturaleza

Ya es más que evidente que nuestro mundo se encuentra al borde de una catástrofe de proporciones gigantescas. Para entender el origen de esta crisis, vamos a analizar los principios básicos de la naturaleza en sí. Empecemos con la naturaleza humana bajo la perspectiva de la Cabalá.

Dar o no dar

En la naturaleza, los únicos seres que se relacionan con los demás con intenciones maliciosas son los seres humanos. Ningún otro ser daña, degrada o explota a otras criaturas, ni siente placer al oprimir a los demás, o disfruta con la desgracia del otro.

El uso egoísta de los deseos humanos, con la intención de prosperar a expensas de los demás, nos lleva a un peligroso desequilibrio con el mundo que nos rodea. El egoísmo humano es la única fuerza destructora con capacidad para destruir a la misma naturaleza. Y la amenaza para el mundo seguirá existiendo hasta que cambiemos nuestra actitud egoísta de cara a la sociedad.

El egoísmo, por un lado, conduce a la muerte de la totalidad. Pensemos en ello desde el punto de vista biológico: si una célula en un organismo vivo empieza a relacionarse de manera egoísta con las demás células, se vuelve cancerosa. Dicha célula empieza a consumir a todas las demás a su alrededor, ajena a ellas y a las necesidades de todo el organismo. La célula se parte y va multiplicándose de manera descontrolada y, a la larga, acaba con todo el cuerpo, incluida ella misma.

Lo mismo le ocurre al egoísmo humano con respecto a la naturaleza. Puesto que sólo piensa en su propio desarrollo y está desvinculado del resto de la naturaleza en vez de ser parte integral de ella, el egoísmo humano lo lleva todo a la extinción, también a sí mismo.

Las células pueden existir, desarrollarse y multiplicarse sólo si interactúan como un único todo. Dicha interacción altruista tiene lugar en cada ser, también en los cuerpos humanos, pero no en la mente humana. El Creador nos dio el libre albedrío para poder percibir la necesidad del altruismo y mantener esta ley integral de la naturaleza de manera voluntaria o no.

Tal como reconocen todos los medios de comunicación, la globalización nos ha obligado a ver el mundo como un todo interdependiente. Puede que suene algo manido decir que todos estamos conectados, pero manido o no es la verdad. También es cierto que muchos de los males del mundo se han desarrollado por la interconexión entre sociedades. Y así lo harán las soluciones. Estas llegarán sólo a través de la coexistencia de todas las partes de la naturaleza, cuando cada parte trabaje para sostener el sistema *entero*.

Es evidente que el problema de la humanidad consiste en llegar a equilibrar los deseos desmesurados de cada persona con la naturaleza, para llegar a ser parte integral de ella y actuar como un solo organismo. En términos cabalísticos, la tarea de la humanidad es llegar a ser altruista.

El fundamento de la naturaleza

El altruismo se define como la preocupación por el bienestar del prójimo. Diversas investigaciones acerca del altruismo revelan que este no sólo existe en la naturaleza, sino que constituye la misma base para la existencia de cada ser viviente. Un organismo vivo es el que recibe de su ambiente y, a su vez, le da.

Cada organismo está formado por una combinación de células y órganos que trabajan en perfecta armonía juntos, complementándose entre sí. En este proceso las células están obligadas a reconocer, influir y ayudarse unas a otras. Esta ley de integración de células y órganos, siguiendo el principio altruista de «uno para todos», funciona en todo organismo viviente.

Cabalateca

En resumen, el altruismo cabalístico significa trabajar para aumentar la conectividad, los lazos entre las distintas partes del mundo.

En cambio, los distintos elementos naturales, como plantas y animales, no son sino diferentes medidas de deseo por ser llenado de energía, vitalidad y deleite. Las diferentes intensidades de este deseo dan lugar a los distintos niveles en la naturaleza: inanimado, vegetal, animado y humano.

No olvidemos que cada uno de los cuatro elementos —inanimado, vegetal, animado y humano— existen dentro de cada elemento de la naturaleza. Incluso las rocas tienen una parte humana en ellas, como también tienen plantas y animales. Su apariencia externa viene determinada por el nivel que predomina en ellos. En los humanos, el nivel dominante debería ser precisamente el nivel humano, el cual, al ser el más elevado, controla todos los demás niveles. Así que ya podemos imaginarnos lo que sucede cuando este nivel no funciona bien. En Cabalá, el nivel humano es esa parte de nosotros que posee libre albedrío. Cuando seamos capaces de desarrollar una parte en nuestro interior que no esté influenciada por cálculos que buscan el beneficio propio, entonces seremos realmente libres... de nuestro ego.

Pinceladas

Aun a riesgo de simplificar demasiado las cosas, podemos decir que, para corregir el mundo, sólo necesitamos seguir el consejo de Kennedy y hacerlo más universal: no preguntemos lo que la naturaleza puede hacer por nosotros; preguntémonos lo que nosotros podemos hacer por ella.

Una vez alcanzada esa unidad que existe en la naturaleza basada en el principio de «uno para todos», comenzaremos a percibir lo singular de la especie humana y su lugar en el mundo. La peculiaridad de los humanos, en contraste con el resto de la naturaleza, radica en el poder y la idiosincrasia de los deseos humanos y su constante evolución.

El altruismo es conectividad en favor de un fin más elevado que la individualidad dentro de un colectivo. Los deseos humanos son la fuerza motivadora que impulsa y desarrolla la civilización. El truco es utilizar la Cabalá como una vía para la transformación en altruistas de todos los deseos egoístas que se van desarrollando en nosotros.

Lo que vemos es lo que somos

¿Cómo empleamos la Cabalá para transformar el egoísmo en altruismo? Desde un punto de vista cabalístico, lo primero que debemos hacer es darnos cuenta de que la corrupción y el egoísmo que vemos a nuestro alrededor son reflejos de nuestro propio interior. Veamos cómo.

En el capítulo 3, tratamos la naturaleza de la percepción. Dijimos que los cinco sentidos humanos no tienen capacidad para percibir todo y que la Cabalá desarrolla un sexto sentido, o *Kli*, que es la intención de utilizar el deseo de recibir con el fin de dar al Creador.

También hablamos sobre el hecho de que nuestros sentidos no perciben las cosas en sí mismas, sino una interpretación personal de ellas basada en nuestras cualidades. En ese sentido, también apuntamos que aquello que percibimos no sólo se encuentra influenciado, sino determinado, por lo que ya conocemos. Asimismo todo lo que experimentamos se encuentra dentro, no fuera.

Por tanto, lo que vemos fuera en la sociedad se trata en realidad del reflejo de nuestros propios estados internos y no de una realidad externa. Cada uno de nosotros formamos parte de la sociedad en la que vivimos. Y como veremos en el siguiente capítulo, lo mejor que podemos hacer por los males que aquejan al mundo es cambiar nuestra naturaleza.

Sin embargo, antes de adentrarnos en ese tema, es necesario echar un último vistazo al deseo humano y comprobar que esos deseos, que se desarrollan en nosotros, no sólo son parte del problema sino también la solución.

Desaciertos

La corrección *únicamente* funciona desde dentro hacia fuera. No deberíamos caer en la trampa de pensar que cambiando nuestro entorno social y ecológico estamos haciendo un verdadero cambio. Mientras no corrijamos nuestro egoísmo, el mundo no podrá llegar a ser un lugar mejor.

Más para mí y menos para ti

No hay componente de la naturaleza que consuma más de lo que necesita para su subsistencia salvo los seres humanos. El hombre ansía más alimento, más sexo y más comodidades materiales de las que necesita para su sustento. Esto se cumple especialmente en lo referente a todos los deseos típicamente humanos y la incesante persecución de riqueza, poder, honor, fama y conocimiento.

Los deseos por cosas que son necesarias para la existencia no se consideran egoístas sino naturales, pues llegan como órdenes de la naturaleza y se encuentran presentes en todos los niveles: inanimado, vegetal, animado y humano. Sólo son egoístas aquellos deseos humanos que van más allá de lo necesario para la existencia.

Junto al hecho de que los deseos humanos van creciendo exponencialmente, está el aspecto del placer añadido al humillar a otros o al verlos sufrir. Tales deseos son exclusivamente humanos y constituyen el auténtico egoísmo. Los experimentamos a través de nuestras conexiones con los demás y, por esa razón, el único camino para corregir nuestros deseos es trabajar sobre ellos con otras personas, como analizamos en el capítulo 11.

Chispas espirituales

Si todos y cada uno de nosotros no estuviéramos tan interesados en nosotros mismos, la vida sería tan insulsa que nadie sería capaz de soportarla.
Arthur Schopenhauer (1788-1860), filósofo alemán

Nuestra continua indulgencia hacia esos deseos revela que no hemos concluido nuestro proceso de evolución. No obstante, todo deseo puede ser considerado altruista o egoísta dependiendo del propósito con que lo utilicemos. Resulta que el desarrollo de los deseos da origen tanto al progreso como a la crisis.

La necesidad de lujos

Abramos el frigorífico y veamos qué hay dentro. Seguramente encontraremos comida de no pocos países que, a su vez, importan desde otros tantos países. Si echamos un vistazo a nuestras prendas de vestir, nuestros zapatos, comprobaremos que también provienen de todas partes del mundo.

¿Necesitamos tener todo esto?

La respuesta tiene dos caras: no tenemos que poseer todo eso si lo único que buscamos es sobrevivir; pero si deseamos tener una vida a la que podamos llamar «vida», la respuesta, sin lugar a dudas, es «sí». Por otro lado, no podemos controlar la evolución de nuestros deseos porque vienen determinados por las *Reshimot*, lo cual significa que aquellos de nosotros que ya deseamos más de lo necesario para sobrevivir no podemos suprimir esos deseos. Y aunque logremos dominarlos por un tiempo, esos deseos volverán a aparecer y, muy probablemente, de una manera mucho más difícil de controlar.

Para la mayoría, acumular todo lo que hay en nuestra nevera, armario o garaje es un *imperativo*, no un lujo. Y esto se acentuará aún más en los años venideros, pues nuestros deseos continúan creciendo. De hecho, si recordamos el propósito de la creación —teniendo en cuenta que la meta final es alcanzar la mente del Creador—, aquello que deseemos ahora, en comparación a lo anterior, parecerá muy pequeño.

La conclusión es que, hoy en día, nuestro deseo de recibir es demasiado grande como para contentarnos con lo justo para nuestra subsistencia. Queremos mucho más que eso. Deseamos coches, aviones, queremos ver el mundo. Deseamos pasar las vacaciones en complejos turísticos, queremos ver televisión. Así que parece que no tenemos otra opción: la única manera de tener grandes placeres es teniendo grandes deseos.

Ahora vamos a plantear otra pregunta: ¿qué hay de malo en querer todo eso? ¿A quién molesto si quiero ir a Hawai para unas vacaciones de lujo? La respuesta es que el mayor perjudicado a raíz de mis deseos soy yo mismo. No es que mis deseos sean malos, sencillamente, no me proporcionan un placer real y duradero. Y al final, quedo dos veces más vacío que antes.

El reconocimiento del mal que mencionamos anteriormente, en el capítulo 3, es en realidad el reconocimiento de que algo es *malo para mí*. Todo aquello que no aparente ser malo para mí, nunca lo definiré como malo. No en vano todos nacemos siendo totalmente egocéntricos y, por lo tanto, *sólo* podremos definir algo como negativo en la medida que lo percibamos negativo para nosotros mismos.

Por ello, tener grandes deseos no es algo malo de por sí. El problema es que, cuando los satisfacemos, no nos sentimos ni felices ni plenos.

Chispas espirituales

El corazón del hombre alberga maldad desde su juventud.

Génesis, 8, 21.

Pero, no hay motivo para preocuparse, ya que hay una buena razón para todos los deseos y carencias. Dichos deseos existen en nosotros, seamos consciente de ellos o no. Sin embargo su raíz es mucho más profunda y más elevada que, por ejemplo, las playas de algún paraíso perdido, por muy bellas que estas puedan ser.

Por qué los deseos «disfrazados» nos decepcionan

Los deseos de bienes materiales tienen su origen en el deseo de recibir placer que nos fue implantado por el Creador en la Fase 1 (como ya describimos en el capítulo 7): el placer de conocer al Creador, de ser como Él. A medida que vamos descendiendo por los mundos espirituales, este deseo queda oculto tras una cadena de *Reshimot*.

En la actualidad, nos encontramos subiendo la escalera, poniendo de nuevo al descubierto las *Reshimot* de nuestros deseos, aun cuando no seamos conscientes de ello. Nuestro declive nos ha llevado a un estado de completa desconexión con el Creador y, en ese sentido, nuestro egoísmo ha cumplido bien su papel. En un mundo donde el Creador no llega a percibirse de manera tangible, podemos libremente elegir entre espiritualidad y corporalidad, sin instigaciones a la hora de escoger una u otra, salvo nuestra propia experiencia.

Explicamos en el capítulo 7 que las *Reshimot* son recuerdos inconscientes de estados pasados del alma. Ahora que hemos alcanzado el punto más bajo de nuestro descenso, están resurgiendo en nosotros y estamos experimentando deseos cada vez más intensos por lo material, pero también por lo espiritual (de ahí las modas espirituales y la Nueva Era, sobre todo, en los países desarrollados). Y dado que estos deseos son, en realidad, un anhelo por experimentar al Creador, aunque bajo un «disfraz» de deseos por otras cosas (sexo, riqueza, poder, etc.), cuando los llenamos con todas ellas no experimentamos satisfacción alguna.

El truco —y aquí es donde la Cabalá representa una ayuda— es mantener nuestras mentes concentradas en la meta última: el Creador. Los deseos van y vienen, pero mantener nuestras miras dirigidas al Creador hace que evitemos el sentimiento de desilusión, cuando el placer que proporcionan esos deseos «disfrazados» no logra satisfacernos.

Si trabajamos teniendo esto presente, no nos van a preocupar cuestiones como los buenos o malos deseos, o los lujos y necesidades. En lugar de eso, vamos a centrarnos en aspectos más elevados que tienen que ver con nuestra relación con el Creador. Y es por eso por lo que los cabalistas afirman que este mundo no importa: la satisfacción sólo existe en la espiritualidad, en el contacto con el Creador.

En cierto modo los «malos» deseos son, en realidad, buenos porque nos hacen ver que no hemos completado nuestro trabajo y que aún debemos dirigir nuestra atención hacia el Creador. La primera vez que aparece un deseo no somos conscientes de que se trata de un deseo por el Creador y lo experimentamos como un deseo por algo de este mundo. Sólo cuando, a pesar de nuestros pensamientos mundanos, hacemos un esfuerzo por dirigir la atención hacia el Creador, aparece la verdadera naturaleza de nuestro deseo (*Reshimó*). En ese momento descubrimos que, en realidad, el deseo era otra cara de nuestro deseo por el Creador. Así es como tiene lugar el trabajo espiritual cotidianamente.

Una armoniosa pirámide

Si en vez de centrarnos en nuestros propios deseos, continuamos centrándonos en Él, acabaremos descubriendo al Creador haciéndonos como Él. Y una vez que lo logremos, comprobaremos que la naturaleza en su totalidad ya es como Él: existe en constante otorgamiento. Cada nivel se preocupa de dar al siguiente nivel y el mundo entero vive en una armoniosa pirámide.

La espiritualidad: un deseo exclusivamente humano

Como mencionamos en el capítulo 14, la ley de la naturaleza establece que el nivel más elevado prevalece por encima de los grados inferiores. Por ejemplo, las plantas se encuentran en un nivel más elevado que las rocas y lo podemos argumentar diciendo que, con el devenir del tiempo, las plantas ayudan a romper las piedras para su propia alimentación.

Los animales ejercen un dominio sobre el reino vegetal y, a su vez, los humanos reinan por encima de los animales. En cierto sentido, los animales viven a expensas de lo inanimado y lo vegetal, del mismo modo que los vegetales viven a costa de lo inanimado. Y cada uno se nutre de los niveles inferiores, pero por una necesidad justificada.

Los órdenes superiores poseen deseos más grandes y, por tanto, poder sobre los niveles inferiores. ¿Por qué?

Una criatura con un deseo menos desarrollado es como un bebé. Cuando el bebé crece, quiere más cosas, pues su deseo ha evolucionado y ahora puede detectar más objetos apetecibles. Cuando se convierte en adulto, el niño se hace hombre o mujer, va a la escuela, asiste a la universidad, trabaja, gana dinero, tiene una carrera y una familia. Uno prospera de acuerdo a su propio deseo.

Cabalateca

Un animal siente la vida mucho más intensamente que una planta. Está vivo, respira, se mueve, y tiene todo tipo de percepciones. Reconoce su hábitat, sus crías, su manada. Así es que cuanto más grande sea una criatura, más siente su existencia, su egoísmo. Y eso le hace más grande y único.

Cuando los deseos nos presionan, nos activamos y avanzamos. No hay otra opción. Por lo tanto, el deseo es la fuerza que nos impulsa hacia el progreso y los logros.

No obstante, el deseo egoísta va a controlarnos hasta cierto punto: hasta que nos sintamos hartos de esta forma de satisfacción. Este es el viaje que describimos al principio, en los capítulos 1 y 2. Tal estado de insatisfacción nos obliga a cambiar el método porque, al fin y al cabo, lo que todos buscamos es la plenitud. En ese estado comienza el deseo por la espiritualidad, un deseo exclusivamente humano.

El deseo de recibir crece todavía más. Poco a poco, a medida que vamos aprendiendo sobre espiritualidad, comprendemos que la satisfacción no se deriva únicamente de obtener un beneficio, sino de favorecer a los demás. Y descubrimos que *eso* es lo que nos da la satisfacción *verdadera*, la misma que siente una madre al ver disfrutar a su hijo.

En resumen, la única manera de obtener grandes placeres es tener grandes deseos. Los grandes deseos (no cumplidos) nos llevan a una sensación de vacío, lo que, a su vez, nos lleva al reconocimiento del mal: la comprensión de que nuestros deseos nos perjudican. El reconocimiento del mal puede llevarnos a sentir un deseo por algo completamente distinto, a un nivel superior, y que no es otra cosa que la facultad, exclusivamente humana, de desear y llegar a conocer al Creador.

El propósito de este mundo

Este deseo de ser parecido al Creador, ¿cómo influye al resto de la naturaleza? Nosotros nunca ejercemos influencia sobre nada a nivel de este mundo. En este mundo, únicamente podemos llegar a tomar algunas decisiones de acuerdo a lo que albergamos en nuestro interior y según lo que vemos. No hay acciones en nuestro mundo. Todo lo que hacemos en este mundo tiene por objetivo que nos acabemos preguntando: «¿Cuál es el sentido de todo esto?».

En nosotros existe un nivel animal que desea una casa, familia, y todo lo que el cuerpo necesita. Existe un nivel humano en nosotros que desea dinero, honor y conocimiento. Y también existe un *Adam* (Adán) en nosotros, el punto en el corazón, que siente un impulso de ser como el Creador. Y ese es el quid de la cuestión.

Precisamente, cuando una persona tiene ese impulso de ser como el Creador, cambia. Todos los demás grados no pueden cambiar por sí mismos en modo alguno. No pueden hacer nada: simplemente, existen de la manera que lo hacen. Únicamente los seres con un punto en el corazón poseen libre albedrío. Y cuando aparece, si lo usamos de la manera correcta, nos hace similares al Creador.

En realidad, esta es la única alternativa que tenemos: ser o no ser similares al Creador. Y puesto que son exclusivamente los seres humanos los que contamos con un punto en el corazón sólo nosotros tenemos libre albedrío y sólo nosotros tenemos la capacidad de cambiar.

La corrección da comienzo cuando una persona se da cuenta de que su naturaleza egoísta supone la fuente de todo mal pero, al mismo tiempo, un motor para el cambio. Se trata de una experiencia muy impactante y personal que, por lo general, nos lleva a querer cambiar y a avanzar hacia el altruismo, a alejarnos del egoísmo.

EN POCAS PALABRAS

- Los seres humanos son las únicas criaturas que pueden elegir entre dar o no dar.

- Si logramos desarrollar esa parte exenta de los cálculos para la autosatisfacción, llegaremos a ser verdaderamente libres. Libres del ego.

- La realidad refleja quiénes somos. Si algo nos parece corrupto es porque nosotros mismos lo estamos.

- El propósito de la existencia en este mundo es llevarnos a la pregunta: «¿Para qué todo esto?».

Capítulo 16

La corrección empieza en mí

LO ESENCIAL

Cómo Él construyó el mundo perfecto para la corrección.
De qué depende la corrección
(una pista: tiene que ver con conectarse).
Por qué la corrección completa
requiere de la corrupción completa.
Los caminos cortos y largos hacia la corrección.

Es fácil ver los problemas del mundo y decir: «No hay nada que hacer...». Pero, en realidad, *sí* hay algo que cada uno de nosotros puede hacer.

Hasta este momento, hemos estudiado los principios básicos de la Cabalá y que el ego, o egoísmo, es nuestro gran problema. Y estos dos últimos capítulos van a intentar analizar la forma de corregirlo. Como es natural, para poder corregir el mundo, primero tenemos que empezar por nosotros mismos y este es el tema del presente capítulo.

Descubriendo la estructura unificada

Tal como ya hemos dicho a lo largo de distintos capítulos, la Cabalá proporciona un método por medio del cual comprobamos que aquello que nos parece el mundo externo es, en realidad, lo que sucede en nuestro interior. También hemos señalado la interconexión que existe entre todos los elementos de la creación. Atar estos dos cabos es la clave de la corrección.

Al fin y al cabo, la sabiduría de la Cabalá es algo muy sencillo: hay un deseo infinito de dar, que creó un deseo infinito de recibir. Y dado que el deseo de recibir es infinito, este quiere recibir a su propio Creador. Toda la «historia» de la creación describe los intentos por darnos cuenta de que así es como son las cosas en realidad. Mientras sintamos una separación de los demás, será preciso trabajar para poder experimentar esta estructura unificada de deseos. Sin embargo, una vez que estemos corregidos, comprenderemos que todos somos una sola creación, por lo que nuestra corrección privada y la corrección de la sociedad son una misma cosa. Comencemos entonces a desentrañar el proceso de corrección con el que empezar a trabajar.

Viviendo en un barco sin el Creador

Lo que una persona hace afectará a la totalidad y viceversa. Una historia cabalística del rabí Shimon Bar Yojay nos explica en profundidad esta cuestión. Dos personas se encuentran en un barco y, de repente, una de ellas empieza a hacer un agujero en el fondo de la embarcación. Su amigo le pregunta: «¿Por qué estás perforando?». El que taladra replica: «¿A ti qué te importa? Estoy haciendo un agujero debajo de mí, no debajo de ti».

El hecho de que toda la humanidad esté conectada en un solo sistema provoca que, con su irresponsabilidad, los egoístas estén causando sufrimientos tanto a ellos mismos como a todos los demás. La transformación que pone en marcha la Cabalá es lo que nos permite ver a ese egoísta irresponsable que llevamos dentro y nos ayuda a convertirlo en un adulto responsable, en un altruista, dicho en términos cabalísticos.

Remontémonos al capítulo 3 y recordaremos que el Creador creó una única alma, *Adam HaRishón*. Más adelante, en el capítulo 8, aprendimos acerca de su caída y la división de su alma en 600.000 partes. Desde entonces, hemos estado intentando juntarlas de nuevo. Sin embargo, para que *Adam* pueda llegar a igualarse con el Creador, tiene que hacer algo que lo equipare a Él. Debe preocuparse por otorgar.

Adam (es decir, nosotros) se encuentra en un aprieto. Si otorga porque el Creador le obliga a ello, no se considera que esté dando, sino que el Creador le está obligando a hacerlo. Para llevar a *Adam* a un estado en el que desee dar por la cualidad de dar en sí, porque es el valor más elevado, y que todo ello lo haga sin pensar en sí mismo, para ello el Creador debe permanecer oculto.

Debemos sentirnos como si viviéramos en un mundo «sin Creador», sin una vigilancia o gobierno desde Arriba. Tenemos que sentir como si nosotros solos pudiéramos tomar todas las decisiones y llegar a todas las conclusiones, incluyendo la conclusión de que la cualidad de dar es realmente la más valiosa de todas. Se nos da la ocultación del Creador y la sensación de estar en contacto con otras personas.

Pero dado que el Creador (la cualidad de dar) se encuentra oculto, nos comportamos egoístamente y odiamos a los demás. Y ellos, a su vez, nos odian a nosotros. No obstante, al mismo tiempo, somos dependientes de los demás y ellos dependen de nosotros. Esto es precisamente lo que la globalización nos ha venido a demostrar tan claramente en los últimos años.

Chispas espirituales

Cuando un hombre se transforma y ama a los demás, se encuentra en adhesión directa, es decir, en una equivalencia de forma con el Hacedor, y con ello el hombre pasa de su estrecho mundo, lleno de dolor e impedimentos, a un mundo eterno de otorgamiento tanto a Él como a los demás.

Baal HaSulam, *La esencia de la religión y su propósito*

Entonces, ¿cómo conciliamos nuestra actitud hacia la sociedad, en la que, por un lado, necesitamos a los demás pero, por otro lado, los odiamos y queremos aprovecharnos de ellos?

El Creador nos ha situado entre dos fuerzas y tenemos la oportunidad de ver cómo decidir. Podemos hacer de nosotros libremente ese alguien que otorga a la sociedad, sobreponiéndonos a nuestra naturaleza y sin ninguna consideración hacia nosotros mismos, o bien optar por permanecer siendo tan egoístas como actualmente somos.

Al elegir otorgar por encima de nuestro interés personal, nos hacemos semejantes al Creador. Y en la medida que lo logramos, el Creador se nos revela: Él ya no tiene que seguir en Su ocultamiento, pues hemos llegado a ser como Él.

La salvación radica en la unión de los egoístas

Por cierto, esto explica el porqué de la caída de *Adam*. Primero tuvimos que ser creados como una sola criatura para luego estar separados en individuos egoístas, distanciados y desconectados, porque esa es la única forma de llegar a percibir nuestra completa oposición respecto al Creador.

Hay muchos, muchísimos otros como nosotros alrededor. El alma única de *Adam* quedó dividida en un gran número de almas (o cuerpos) para que cada uno de nosotros tuviera la oportunidad de determinar su actitud y elegir si desea ser semejante al Creador.

Cuando el Creador creó el alma original, era de extrema pureza y pequeños deseos. Sin embargo, para recibir todos los placeres que el Creador desea dar, el hombre debe contar con un deseo desproporcionado infinito de recibir. El alma original lo tenía, pero no era consciente de ello. Tales deseos tienen que aparecer de manera consciente y percibida.

Por otro lado, era necesario que la criatura sintiera que estos deseos eran egoístas y que, por una serie de razones, tenía que fragmentarse, que dividirse.

En primer lugar, es imposible corregir un poderoso deseo de recibir con una sola persona. Por ello, el Creador dividió a *Adam* de modo que cada uno pudiera corregir el pequeño egoísmo en su interior. Es más, *Adam* se dividió para tener a otros con los que trabajar: necesitamos unirnos con otros egoístas como nosotros a fin de llegar a ser semejantes al Creador.

Por último, sólo en un estado de corrupción podemos reconocer la mezquindad, la naturaleza limitada y sin salida de nuestra naturaleza egoísta. Puede que entonces desarrollemos un deseo de unirnos con el fin de transformar nuestra naturaleza justo en lo opuesto, es decir, en altruismo.

Ahora que conocemos la explicación cabalística de la historia de *Adam*, ¿qué hacemos? Otros nos tratan del mismo modo en que nosotros nos comportamos con ellos, porque son un reflejo de nuestra actitud hacia el mundo. Precisamente porque buscamos aprovecharnos del mundo y tratarlo mal, pensamos que esa es la manera en que el mundo nos trata a nosotros. La «imagen» de la realidad que hay en nuestra mente es negativa y, por consiguiente, la realidad también nos parece negativa. Y claro está, eso hace que nuestro mundo parezca un lugar amenazante e inseguro.

En tal situación, la única forma de recuperar la seguridad y la confianza es estar unánimemente de acuerdo en la corrección de los deseos egoístas. Esta es la razón por la que estamos descubriendo que, aunque simplemente sea para poder subsistir, nos necesitamos unos a otros. Aun más, debemos ser bien tratados por todos o no lograremos escapar a la amenaza que supone la destrucción.

Cuando nos demos cuenta de que no hay otra alternativa más que tratarnos bien unos a otros, llegaremos a la conclusión de que *debemos* amar a nuestro prójimo y pediremos al Mundo Superior la fuerza para poner esto en práctica. Dicha fuerza llegará desde el Creador, desde la Luz Superior, y alcanzaremos la corrección. Ahí radica ese optimismo inherente a la Cabalá.

Aciertos

Cuando la Cabalá sostiene que somos una sola alma interconectada, no se trata de una mera tesis filosófica: nos está diciendo que la responsabilidad de la corrección recae directamente sobre nosotros. No hay corrección del mundo ni tampoco en nosotros —a ningún nivel— sin una participación activa por nuestra parte en mente, corazón y acción.

Una cadena de almas

Todos compartimos la vida como células en un organismo, en el que cada célula depende de la vida de todo el organismo. Si las demás almas piensan en mí, viviré. Si no lo hacen, moriré. Esta ley es el requisito tanto para la espiritualidad como para la vida física.

En la actualidad se nos considera muertos desde el punto de vista espiritual; las almas que tenemos hoy se denominan «almas animadas». El alma animada hace referencia a nuestras vidas en este mundo, en un estado de desconexión con el Creador. Todo lo que sentimos y experimentamos en este mundo, mientras no adquiramos una pantalla y desarrollemos el primer *Kli* espiritual, se considera parte del alma animada que existe mientras nos hallamos aquí, pero que desaparece al morir. Y no tiene nada que ver con el alma a la que se refieren los cabalistas cuando escriben acerca de ella en *El Zohar* o en otros libros. Para tener un alma así, primero debemos determinar que la queremos, que deseamos una vida eterna, que anhelamos ser como el Creador.

El rabí Yehuda Ashlag escribe que todas las personas, a lo largo de la historia, son en realidad una larga cadena de almas. Para ver y experimentar esta unicidad de la humanidad, debemos tener un alma eterna que esté conectada a lo eterno, al Creador. Tal es el tipo de alma de la que hablan los cabalistas.

Ahora vemos por qué nuestra corrección personal está tan estrechamente relacionada con la corrección de todos los demás: todas las almas están interconectadas como una sola.

Nuestra responsabilidad recae en la elección. Debemos optar por anhelar un alma y construirla por nosotros mismos junto a otras almas.

En lenguaje cabalístico, decimos que las almas están conectadas e integradas en un solo cuerpo. Y para que cada una de ellas pueda proporcionar a las demás lo que necesitan, todas las almas deben entenderse mutuamente y darse cuenta de que están integradas en los deseos de los otros. En otras palabras, debemos agregar a nuestra alma todos los demás deseos, los de todo el mundo, de manera que podamos procurarles aquello que desean. Eso es precisamente lo que hace cada célula en el cuerpo: sentir lo que el organismo requiere de ella.

A un nivel personal, debemos llegar a conocer lo que otros necesitan y proporcionárselo para, de este modo, convertirnos en un cuerpo completo. A raíz de nuestro amor por ellos, hacemos nuestros sus deseos y llegamos a desear aquello que pueda llenarles. Al trabajar de ese modo con los demás, sentimos un enorme crecimiento personal, pudiendo entonces darles lo que necesitan. Y nos convertimos en una gran criatura única y unificada que se sitúa frente al Creador.

Desaciertos

En Cabalá, hay una diferencia entre lo que la gente *quiere* y lo que *necesita*. Lo que quieren es lo que su ego le dicta. Lo que necesitan es un deseo de espiritualidad, un deseo de dar y que constituye el único deseo duradero que se puede llenar sin límites. Sentir un deseo de espiritualidad es experimentar una satisfacción eterna, pues ambas cosas se experimentan de manera simultánea: tanto el deseo como la satisfacción.

A través de sus ojos

En el instante en que nuestro deseo es dar a los demás aquello que necesitan, pasamos a ser como el Creador. Cuando llenamos las necesidades de otra persona, estamos depositando una parte de nosotros en ella. Al recibir, en el otro empieza a nacer el entendimiento de que dar es bueno, valioso, y lo más importante: placentero. Con el tiempo, el dador comienza a sentir que lo realmente placentero no es otorgar a los demás, sino el otorgamiento en sí, la situación de ser dador.

Si el lector piensa en ello por un momento, verá que nada de lo que hay en nuestro mundo físico ha sido creado sin otorgamiento. ¿Cómo podrían nacer criaturas sin la entrega de sus padres? El nacimiento de un bebé se produce porque sus padres le aman y desean darle ya incluso antes de llegar a este mundo.

Y esta cuestión nos lleva a plantearnos algo: si este mundo existe, eso significa que el Creador lo ama. Si también nosotros deseamos amar nuestro mundo, debemos aprender a verlo a través de Sus ojos, por encima de nuestro egocentrismo. En el momento en que deseamos proporcionar a los demás aquello que necesitan, empezamos a ver al mundo a través de los ojos del Creador y así, de manera gradual, vamos alcanzando el propósito de la creación: adquirir la mente del Creador.

Cuando damos, sencillamente porque a nuestros ojos dar se vuelve un acto lleno de mérito y no esperamos ningún tipo de beneficio, directo o indirecto, puede considerarse que nuestras acciones son fruto del libre albedrío. El otorgamiento no es para uno mismo, sino por el simple deseo de dar.

Por supuesto, ningún acto queda sin recompensa porque, como hemos mencionado, el Creador *desea* darnos. Pero la recompensa por nuestro deseo de otorgar aparentemente está desvinculada de la acción de dar en sí. Y no es otra cosa que la revelación del dador, del Creador. Dicho de otro modo, la recompensa por actuar como el Creador es descubrirlo a Él y revelar la razón por la cual hace lo que hace. Con esto, se llega a la corrección final y al propósito de la creación.

La clave de todo el proceso es dar un giro a nuestro pensamiento y conciencia. No necesitamos cambiar *nada* de todo lo que existe en el mundo, salvo nuestra actitud hacia los demás. Y por eso aquello de «ama a tu prójimo como a ti mismo» resulta suficiente para corregir el mundo en su totalidad. No existe otra fórmula para influenciar o cambiar al mundo.

Desaciertos

Ama a tu amigo —o a tu prójimo— *como a ti mismo* son las palabras del gran cabalista el rabí Akiva, una máxima adoptada prácticamente por todas las religiones y doctrinas. Pero se trata de una máxima muy peligrosa si se vive sin tener en cuenta su meta final: alcanzar al Creador. Baal HaSulam escribe que eso es, justamente, lo que sucedió con el comunismo en Rusia. Estaba destinado a fracasar porque usó la ley altruista de la naturaleza pero desprovista de su objetivo final: alcanzar al Creador a través de la equivalencia de forma con Él.

Mi egoísmo es mi ruina

En el capítulo anterior dijimos que el egoísmo es el motor del cambio. Cuanto más grandes sean nuestros deseos, más evolucionados somos, porque al querer más también podemos recibir más. El deseo de recibir nos empuja, nos da fuerza para lograr aquello que deseamos y, gracias a él, podemos alcanzar más y más. Cualquier persona así resulta más fuerte, pues su fuerza de voluntad es más pujante.

Puesto que los deseos son egoístas por naturaleza, al principio tienen mala voluntad, lo cual, al fin y al cabo, resulta perjudicial para nosotros también. Si nos preocupamos sólo por nosotros mismos, acabaremos desconectándonos de los demás y por consiguiente no podremos llenarnos. Sentirnos realizados depende de la existencia de los demás: es decir, si soy egoísta, no podré conectarme con los demás, y si no logro conectar con los demás, no podré disfrutar. Nuestro egoísmo se convierte en nuestra propia ruina. Me deja desprovisto, lleno de carencias y sufriendo. Debido a nuestro gran deseo de recibir, constantemente estamos persiguiendo placeres, pero constantemente estamos vacíos.

Y como ya mencionamos, este es el estado que conduce a la crisis espiritual. El individuo se da cuenta de que no puede continuar viviendo así y comprende que hay algo que debe cambiar en su vida. Es entonces cuando el punto en el corazón se despierta; en ese momento, todo el mal en nosotros puede empezar a ser transformado en bien.

Todos adultos

Y el resultado es que ese gran deseo nos lleva a una disyuntiva que, en realidad, no es tal. Si somos tan dependientes de los demás, debemos preocuparnos por ellos, velar por ellos, aun cuando los odiemos.

Para sobrevivir y llegar a la corrección, es preciso preocuparse por aquellos que odiamos. De no hacerlo así, es el sufrimiento lo que nos espera.

Entonces, ¿qué debemos hacer? Llegar a ser adultos de verdad. Al estar así de conectados, tenemos que ser responsables unos de otros, exactamente del mismo modo que un adulto debe asumir la responsabilidad por todo lo que le rodea: su sociedad, familia, amigos, asalariados, ciudad y país. Todo y todos. El Creador no querría que fuera de otra manera. Es Su plan.

Aciertos

¿Qué otro placer más grande puede haber para unos padres que el ver a sus hijos crecer y convertirse en adultos responsables y exitosos? De manera análoga, al crearnos, el propósito del Creador era que llegásemos a ser como Él. Por consiguiente, el objetivo de nuestra vida en este mundo es aprender del Creador su forma de dar, conocer Sus pensamientos y llegar a ser como Él.

Dos formas de ascenso

De acuerdo al plan del Creador, todo el universo deberá alcanzar el estado de corrección, pero el tiempo asignado para ello es limitado. *El Zohar* indica que la corrección debe entrar en su última fase desde el final del siglo XX. A partir de ese momento, la humanidad será apremiada mediante sufrimientos más intensos para que lleve a cabo su corrección: sólo tenemos que leer las noticias para ver un ejemplo de esto.

Reconocer el propósito de la creación y conocer el método de corrección nos permitirá acercarnos a la meta de una manera consciente. Y esto no sólo es crucial, sino que resulta una vía más rápida que la del sufrimiento. En vez de sufrir, tenemos la oportunidad de sentir satisfacción e inspiración desde el mismo momento que nos adentramos en el sendero de la corrección.

¿Recuerda el lector que en el capítulo 7 la Cabalá establecía un plazo para la corrección final? El camino hacia la corrección personal puede que lleve cierto tiempo, pero tarde o temprano sucederá. Lo cierto es que toda alma tendrá que pasar por el proceso establecido.

Ninguna de las experiencias en la vida desaparece, sino que se almacenan en el interior del deseo de cada uno y los deseos son eternos: pasan de una generación a otra, de una reencarnación a la siguiente.

Como reflejamos en el capítulo 11, la próxima vez que volvamos a nacer, nuestro deseo guardará el registro de todo aquello que hicimos en relación al Creador. Así es como las *Reshimot* desempeñan su papel. Todo lo que alguna vez hicimos en el seno de nuestro deseo egoísta queda almacenado en una «caja» que, en algún momento, nos proporcionará el «reconocimiento del mal». Y hasta que dicha caja esté completamente llena y corrijamos todo nuestro mal, seguiremos regresando a este mundo.

En nuestra próxima aparición en este mundo, esta «caja» contendrá todo lo que hayamos logrado en el actual ciclo. Los pequeños pasos que damos se acumulan y, al final, reportarán resultados. Cada paso servirá para conducirnos a la elevación espiritual, pero nuestra experiencia del camino puede resultar placentera y emocionante o dolorosa y agónica. En nuestras manos está la elección, y en la última sección de este capítulo nos ocuparemos de este aspecto.

Tomar el camino corto resulta rápido y fácil

Podemos avanzar hacia el reconocimiento del egoísmo como raíz de todo mal a través de un largo camino de sufrimiento, o bien a través de otra vía mucho más corta y agradable. Es más, el camino del sufrimiento no es un camino como tal, sino la cantidad de tiempo que vamos a necesitar hasta darnos cuenta de que lo que realmente necesitamos es avanzar por el camino corto.

Porque, en el momento en que se acumula una determinada cantidad de sufrimiento, empezamos a comprender que resulta más beneficiosa la corrección que ese dolor. En vez de transitar por ese largo sendero, existe un camino corto y fácil que lleva a la corrección.

Ambos senderos vienen a ser lo mismo, aunque en el corto no hay etapas de sufrimiento pero sí un constante avance. Por el contrario, en esa otra vía, que es más larga, hay dolor casi en cada tramo del camino.

La sabiduría de la Cabalá es una especie de guía turística para ese camino corto. Nos habla acerca de todos los estados y nos ayuda a transitarlos con facilidad, proporcionando aliento con sutileza.

Es posible alcanzar el conocimiento de la estructura del mundo, su causalidad y propósito *antes* de encontrar las aflicciones. Mediante este conocimiento, podemos acelerar la comprensión de lo nefasto que resulta el egoísmo, evitando llegar a esa misma conclusión bajo una amenaza de destrucción.

Aunque pueda dar la impresión de que somos libres de actuar según nos plazca, en realidad seguimos los dictados de nuestros genes y recibimos la influencia del entorno social. Esas influencias y dictados van a determinar nuestros valores, haciéndonos pensar que el poder y la riqueza son beneficiosos.

A lo largo de nuestras cortas vidas invertimos tremendos esfuerzos sólo para que la sociedad reconozca lo exitosamente que mantenemos sus valores. Al fin y al cabo, no vivimos para nosotros en absoluto, sino que nos afanamos en buscar la aprobación de nuestros hijos, nuestros familiares, nuestros conocidos y de la sociedad en general.

Es evidente que para poder resolver esta crisis debe producirse un cambio de valores en la sociedad. Y ese será el tema de nuestro siguiente capítulo.

En pocas palabras

- El Creador hizo una embarcación «sin Creador» y debemos mantenerla a flote.
- Sólo sobreviviremos si nosotros, los egoístas, nos unimos.
- El Creador creó el mundo con amor. Ser como Él significa amar al mundo del modo en que Él lo hace, percibirlo a través de Sus ojos.
- Hay dos maneras de avanzar en la espiritualidad: de forma rápida y placentera, empleando la Cabalá, o sin ella, de manera lenta y dolorosa.

Capítulo 17

Ahora todos juntos

LO ESENCIAL

Una pequeña corrección puede marcar una gran diferencia.
El poder de los valores sociales.
¿Dónde está la torre de Babel que se desmoronó?
Los beneficios del altruismo verdadero.

La Cabalá incluye tanto aspectos personales, como sociales, pues como analizamos en el capítulo anterior todos somos partes de una misma alma colectiva. Este capítulo explica cómo las correcciones a nivel personal de las que hablamos antes fluyen a través de nuestras conexiones con la sociedad. Al final, la corrección individual descrita en el capítulo 16 es completa sólo cuando establece una conexión recíproca con la humanidad entera.

La altura de la creación

Si recordamos el capítulo 15, allí dijimos que el origen de todo sufrimiento en el mundo es la consecuencia de encontrarnos en un estado opuesto con respecto al resto de la naturaleza. Todos sus niveles (inanimado, vegetal y animado) siguen instintivamente los dictados de la naturaleza: únicamente el comportamiento humano se sitúa del lado contrario a ella.

Puesto que la humanidad constituye el culmen de la naturaleza, todas sus partes son dependientes del hombre y, mediante nuestra corrección, todas esas partes de la naturaleza, el universo entero, se elevarán hasta su nivel inicial y perfecto, en unidad absoluta con el Creador.

El efecto dominó

Como ya hemos mencionado, el Creador nos trata a todos como a un ser unificado. Y aunque hemos intentado alcanzar nuestros objetivos de manera egoísta, hoy empezamos a darnos cuenta de que nuestros problemas sólo serán resueltos de manera colectiva y altruista.

Cuanto más conscientes seamos de ese egoísmo, más desearemos usar el método de la Cabalá para convertir nuestra naturaleza egoísta en otra de tipo altruista. Es algo que no supimos hacer cuando, por primera vez, apareció la Cabalá, pero ahora que sabemos lo que necesitamos, podemos hacerlo.

Los cinco mil años de evolución humana que dejamos atrás han sido un proceso para poner a prueba un método, examinando los placeres que proporciona, agotándolo y, finalmente, cambiándolo por otro. Distintos métodos fueron llegando, para luego ser sustituidos mientras el hombre se convertía en un ser más próspero. Pero no más feliz.

Ahora que el método de la Cabalá ha resurgido de manera masiva con intención de corregir nuestros niveles tan elevados de egoísmo, no tenemos que transitar más el camino de la desilusión. Sencillamente podemos corregir ese feroz egoísmo a través de la Cabalá: todas las demás correcciones vendrán a continuación, como en un efecto dominó. Y durante este proceso de corrección habrá satisfacción, motivación, felicidad.

Volviendo sobre la historia, más concretamente sobre lo mencionado en los capítulos 5 y 6, *El libro del Zohar* establece que desde finales del siglo XX la humanidad alcanzaría los niveles máximos de egoísmo, a la vez que experimentaría un máximo empobrecimiento espiritual. En ese punto, y para la supervivencia de la humanidad, se haría necesario un nuevo método.

Entonces, según *El Zohar*, sería posible revelar la Cabalá como método de elevación moral para la humanidad con el objetivo último de lograr semejanza con el Creador. Tal es la razón por la que la Cabalá está siendo revelada al hombre en la actualidad. La humanidad no llega a corregirse colectivamente de manera simultánea. En vez de eso, su corrección tiene lugar en la medida que cada persona se dé cuenta de su crisis personal y general, como vimos en el capítulo anterior. La corrección da comienzo cuando el ser humano advierte que su naturaleza egoísta es la fuente de todo mal. Después, mediante un cambio en los valores de la sociedad, la persona ya está sujeta a la influencia de dicha sociedad.

El individuo y su ambiente —de hecho, toda la humanidad— tienen una responsabilidad conjunta. La humanidad ha querido resolver sus problemas de manera egoísta, como individualistas; pero a la vez, inevitablemente, se ha visto obligada a resolver el problema de manera colectiva, es decir, como altruistas.

En ese sentido, merece la pena reflexionar sobre los cuatro factores de Baal HaSulam aparecidos en su ensayo *La libertad*, que ya presentamos en el capítulo 3, y en cuyo marco nos encontramos inmersos. Con idea de incidir en ello, recordaremos que el primer factor es la fuente, la base, los rasgos innatos que no podemos cambiar, pues los heredamos de nuestros padres. El segundo es la evolución de esa fuente, algo que tampoco estamos capacitados para modificar porque ya viene determinada por la propia fuente. El tercer factor es el ambiente, el cual, una vez que estamos en él, tampoco podemos cambiar.

Sin embargo, el cuarto factor hace referencia a los cambios en el ambiente, y esos sí *podemos y debemos* cambiar escogiendo un entorno adecuado para nosotros. Este cuarto factor afecta al tercero que, a su vez, afecta al segundo, el cual también influye sobre el primero. Al crear el ambiente adecuado para nuestros propósitos espirituales, no sólo estamos construyendo una sociedad que nos lleve hacia la espiritualidad, sino que además creamos un camino para que todos alcancen de manera más rápida y fácil la espiritualidad. Ahora veamos cómo podemos implementar esta teoría.

Acordemos dar

Si todo el mundo piensa que dar es bueno, seguramente yo también voy a pensar así, aunque sólo sea por mi propio interés egoísta. El comportamiento altruista resulta provechoso para todos. El altruismo es algo que predomina en el área de la educación por ejemplo. En la escuela nos enseñan a ser altruistas, afirmando que debemos ser honestos, trabajadores, y respetuosos hacia los demás; compartir con otros lo que tenemos y ser amables; amar al prójimo, en definitiva. Pero todo ello sucede porque el altruismo resulta beneficioso para la sociedad.

Chispas espirituales

Todos aquellos ya con cierta experiencia saben que hay «un algo» en el mundo más grande que cualquier placer imaginable, y no es otra cosa que contar con la admiración de la gente, por la que todo esfuerzo vale la pena.

Rabí Yehuda Ashlag

Es más, las leyes biológicas de todo ser vivo nos revelan que la existencia de un organismo depende del trabajo cooperativo de todas sus partes, como explicamos en los capítulos 15 y 16.

De manera análoga, una sociedad egoísta es perfectamente capaz de percibir los beneficios derivados de un comportamiento altruista. Nadie se opone de forma activa a los actos altruistas. Al revés, toda organización, toda figura pública promociona su compromiso con proyectos altruistas vanagloriándose de ello. Nadie denunciaría abiertamente la propaganda de ideales altruistas.

El poder del reconocimiento social

Los medios con que contamos para transformar un comportamiento egoísta en altruista son un cambio en las prioridades y en la escala de valores. Necesitamos estar convencidos de que dar a la sociedad es mucho más importante y valioso que recibir de ella. Dicho de otro modo, cada uno debería llegar a sentir mayor satisfacción dando a la sociedad que con cualquier ganancia egoísta.

Y la opinión pública es el único medio que puede facilitar algo así, ya que lo más importante para cualquier persona es el reconocimiento social. Los humanos estamos diseñados de tal forma que recibir la aprobación de la sociedad es el propósito de la vida.

Este elemento es tan consustancial a nuestra naturaleza que todos tendemos a negar el hecho de que el propósito de cada acción es ganar el aprecio de la sociedad. Puede que argumentemos un interés económico o simple curiosidad, pero no estamos dispuestos a admitir la verdadera motivación: el reconocimiento de la sociedad.

Estamos construidos de tal manera que el entorno social va a determinar las que serán nuestras predilecciones y valores. Aunque sea de manera involuntaria, estamos bajo el absoluto control de la opinión pública; no en vano, la sociedad puede inculcar en sus miembros cualquier tipo de comportamiento, incluso el más abstracto y absurdo de los valores.

Denunciar el egoísmo, ensalzar el altruismo

Modificar las funciones de la sociedad requerirá un cambio en los sistemas educativos, comenzando desde una temprana edad, acompañado de transformaciones esenciales en todas las áreas de la educación y la cultura. Los medios de comunicación tendrán que ensalzar y valorar los eventos según el beneficio que reporten a la sociedad creando, de ese modo, un ambiente de educación orientado al otorgamiento a dicha sociedad. Al emplear todos los medios de comunicación y de opinión que estén al alcance —incluyendo publicidad y educación—, la nueva opinión pública se encontrará preparada para denunciar de manera abierta y decidida las acciones egoístas, realzando las acciones de altruismo como máximo valor al que aspirar.

A través de la valiosa influencia de la sociedad, cada uno aspirará a recibir únicamente aquello necesario para su sustento, y no escatimará esfuerzos a la hora de favorecer a la sociedad para recibir el reconocimiento de ella. En primer lugar, todos trabajarán para beneficiar a la sociedad bajo una motivación e influencia desde el entorno. La gente se sentirá satisfecha y comenzará a ver estos actos de entrega a la sociedad como un valor único y supremo, aun cuando no obtenga recompensa alguna desde el ambiente por esos actos altruistas.

Y no son sólo las instituciones sociales las que necesitan un cambio, sino que también lo necesita la institución que prevalece por encima de todas, la institución social más «instaurada»: la familia.

Si mis hijos en casa me valoran de acuerdo a lo que doy a la sociedad, entonces será más probable que yo cambie. Si mis familiares, mis colegas de trabajo y, en general, todo el mundo me apreciara en relación a lo que aporto a la sociedad, entonces no tendría opción. No me quedará más remedio que contribuir. Tendré que convertirme en un dador consumado para todos.

Desaciertos

En esto debemos ser muy cautelosos. Los intentos en el pasado por utilizar tanto la sociedad como a los congéneres para producir un cambio en los valores sociales han dado como resultado las mayores atrocidades (los nazis o el comunismo de Stalin). No es a esto a lo que se refiere la Cabalá cuando propone que utilicemos la sociedad para transformar nuestros valores. La Cabalá sencillamente sugiere que alentemos a los demás a otorgar porque es algo provechoso y placentero. Así, cuanta más gente crea en ello, también yo creeré, incluso cuando anteriormente haya estado alentando a otros sin estar muy convencido de todo ello.

Toda esta actividad elevará el nivel de la conciencia humana llevándola al nivel de una nueva civilización.

«Rabí Ashlag estaba fervientemente comprometido con esta visión social a largo alcance y que apareció a raíz de su conocimiento de la tradición cabalística», escribe Micha Odenheimer en *Un ilustre de nuestros días*: «Él llegó a entender la humanidad como una sola entidad, interdependiente tanto a nivel físico como espiritual, y creía que sólo un sistema económico que reconociera algo así podría liberar a la humanidad y ser catalizador de una era de iluminación colectiva».

Mediante el desarrollo de una comunidad basada en el amor entre sus miembros y una sociedad cimentada en la justicia económica, escribe Odenheimer, la Cabalá se centra en la conciencia individual y la reforma de la sociedad y del mundo. La aportación del rabí Ashlag es el «concepto de justicia social fundamentado en la ciencia espiritual de la Cabalá».

Entendiendo la torre de Babel

Antiguamente, el egoísmo de los seres humanos no era tan desmesurado hasta el punto de ser opuestos a la naturaleza. Podían sentir la naturaleza, podían sentirse unos a otros mutuamente. Tal era su vía de comunicación que, en su mayor parte, se trataba de un lenguaje silencioso, similar a la telepatía, en un cierto nivel espiritual.

Sin embargo el egoísmo que había de crecer hizo que los hombres se separaran de la naturaleza. En vez de corregir ese antagonismo, las personas pensaron que podrían alcanzar al Creador de manera egoísta y no a través de la corrección.

Como consecuencia, dejaron de percibir la naturaleza y también a su prójimo, dejaron de amar y se extendió el odio mutuo. Nos separamos unos de otros, en vez de ser una sola nación nos dividimos en muchas.

El primer nivel de desarrollo egoísta viene marcado por lo que, alegóricamente, llamamos «la construcción de la torre de Babel». Si el lector recuerda, en la historia de Babel las personas, a raíz del incremento de su egoísmo, se propusieron alcanzar al Creador, todo ello descrito de forma simbólica como el deseo de edificar una torre cuya parte más alta llegara al cielo.

La humanidad no logró dirigir el egoísmo que había desarrollado a la obtención de las fuerzas que gobiernan, pues el método para alcanzarlas hacía preciso refrenar el egoísmo, algo que no conseguimos.

El aumento del egoísmo en los hombres hizo que dejaran de sentirse unos a otros y que tampoco percibieran la conexión espiritual: esa telepatía había quedado dañada. Ellos conocían al Creador de su nivel previo al egoísmo y ahora querían explotarlo a Él también. Eso es lo que significa la construcción de una torre que llegara al cielo. A consecuencia de ese egoísmo, dejaron de entenderse entre sí; su oposición con respecto de la naturaleza también los alejó de ella y del Creador. Y se dispersaron.

Podríamos pensar que todo esto se compensó con el desarrollo tecnológico; sin embargo con ello sólo hemos contribuido al distanciamiento entre unos y otros, además de acrecentar nuestra separación de la naturaleza (el Creador). No en vano la humanidad hoy siente cierta desilusión por satisfacer su egoísmo mediante el desarrollo social y tecnológico.

Nos estamos dando cuenta de que los deseos egoístas no pueden llenarse en su forma natural. Cuando un deseo queda satisfecho, desaparece. En consecuencia, dejamos de sentir el deseo, al igual que un alimento reduce la sensación de hambre y el placer de comer se va extinguiendo de manera gradual.

Es, concretamente, en estos tiempos en que somos conscientes de la crisis y del callejón sin salida al que nos lleva nuestro desarrollo cuando podemos decir que esta confrontación entre el egoísmo y el Creador supone la auténtica destrucción de la torre de Babel.

En el pasado, la torre de Babel fue destruida por la Fuerza Superior. Hoy, está desmoronándose en nuestra propia conciencia. Nos encontramos en un punto de separación similar al que tuvo lugar en la época de Babel, pero con la diferencia de que ahora somos conscientes de nuestra situación. Según nos dice la sabiduría de la Cabalá, esta crisis global supone el principio de una vuelta a la conexión entre todos los humanos, en una nueva civilización unida.

Llegó el momento de que los miembros de esa nación única, que es la humanidad, se reúnan en un solo pueblo. Lograr la espiritualidad nos abre una vía y nos proporciona una verdad quizás inesperada.

Percepción ensalzada

¿Cuánto es uno más uno? La respuesta es *Ein Sof* (infinito). Cada uno de nosotros está integrado en todos los demás; por esta razón, una sola persona, con la cual poder trabajar, ya nos permite simular una sociedad. A su vez, esto nos brinda la posibilidad de simular nuestra relación con el Creador. Y la recompensa es enorme.

De hecho, hay una gratificación especial para el altruismo. Pudiera parecer que el único cambio consiste en dar preferencia a los demás frente a nosotros mismos, pero en realidad los beneficios son mucho mayores. Cuando empezamos a pensar en los demás, llegamos a integrarnos en ellos y ellos en nosotros.

En realidad, cada uno de nosotros es *Ein Sof*, pero sin una sociedad que nos ayude a corregirnos, ¿cómo poder llegar a sentirlo? Si fuésemos capaces de recordar esa regla básica de la Cabalá que establece que el todo y la parte son lo mismo, nuestra vida sería mucho más fácil. Seríamos capaces de moldear el todo (la sociedad), sabiendo que en realidad estamos moldeándonos a nosotros mismos, y esto ciertamente facilitaría la corrección.

Pensemos en ello del siguiente modo: existen alrededor de seis mil quinientos millones de personas en el mundo hoy. ¿Qué pasaría si, en vez de tener dos manos, dos piernas y un cerebro para controlarlos, tuviéramos trece mil millones de manos, trece mil millones de piernas y seis mil quinientos millones de cerebros?

Complicado ¿verdad? Pero lo cierto es que no, porque todos estos cerebros funcionarían como uno solo y las manos funcionarían como un único par de manos. Toda la humanidad operaría como un organismo cuyas capacidades quedarían ampliadas seis mil quinientos millones de veces. Después de todo, el número de células en nuestro cuerpo es muy elevado, pero nuestro organismo funciona como una sola entidad. Por lo que, si un solo cuerpo puede hacerlo, ¿por qué no podría toda la humanidad?

Además de convertirnos en humanos con excelsas cualidades, todo aquel que pasara a ser altruista recibiría el más preciado de todos los dones: el de la omnisciencia, es decir, el conocimiento y la memoria totales. Dado que el altruismo es la naturaleza del Creador, su adquisición equipara nuestra naturaleza con la Suya, empezando a pensar como Él. Comenzamos a entender la causa de todo lo que sucede, cuándo tiene que pasar y qué hacer si queremos que suceda de otra manera. En Cabalá, tal estado recibe el nombre de «equivalencia de forma» y alcanzarlo es el propósito de la creación.

Más allá de la vida y la muerte

Ese estado de percepción ensalzada, de equivalencia de forma, es la primera razón por la que fuimos creados. También es cierto que fuimos creados en unión para luego ser fragmentados; todo ello con el fin de poder volver a unirnos. Y durante ese proceso para alcanzar la unión, llegaremos a entender por qué la naturaleza hace lo que hace, llegaremos a ser tan sabios como el Pensamiento que le dio origen. Una vez que estemos unidos con la naturaleza, nos sentiremos tan eternos y completos como ella. En dicho estado, incluso cuando mueran nuestros cuerpos, sentiremos que nuestra existencia continúa en la naturaleza absoluta.

La vida física y la muerte no nos afectarán más, pues la que era nuestra percepción egocéntrica pasará a ser reemplazada por una percepción integral, altruista. Nuestras vidas se habrán convertido en la vida de la naturaleza en su totalidad.

Sin embargo, si el lector ha llegado hasta aquí, no importa lo que pueda pensar, todo es realmente más simple de lo que parece. Desde este momento, puede relacionarse con la Eternidad. Ya estamos en el *Ein Sof.* Lo que ocurre es que no somos conscientes de ello. Con la sabiduría de la Cabalá, disponemos de una magnífica guía. Y con magníficas guías, ¿quién no es capaz de encontrar el camino?

En pocas palabras

- Los humanos constituyen el culmen de la creación, por lo que en el momento que estemos corregidos, todo lo demás vendrá después.
- El primer paso es estar de acuerdo en que dar es algo bueno.
- La fuerza más poderosa, la motivación de nuestras acciones es el deseo de obtener el reconocimiento de la sociedad.
- Para provocar un cambio en la sociedad, debe haber una denuncia abierta del egoísmo y un enaltecimiento del altruismo.
- El derrumbe de la torre de Babel tuvo lugar en nuestras mentes, en la separación entre unos y otros. Una vez corregido esto, obtendremos no sólo amor mutuo, sino también la mente del Creador y la existencia más allá de la vida y la muerte.

APÉNDICE

Glosario

Abraham: hombre procedente de la antigua Babilonia, que descubrió la sabiduría de la Cabalá. Instruyó en ella a todo aquel interesado e inició el primer grupo de Cabalá, que después llegaría a ser la nación de Israel. Se le atribuye el *Séfer Yetzirá* (*El libro de la creación*).

Adam: consultar *Adam HaRishón*.

Adam HaRishón: nombre cabalístico de Adán, el alma original. El rompimiento del alma de *Adam* provocó su división en 600.000 almas y deseos individuales.

Alma: un deseo de recibir que cuenta con *Masaj* e intención de otorgar se denomina «alma». *Adam HaRishón* es considerada el alma común de la cual provenimos todos. Adam representa la primera persona en adquirir un *Masaj* y todos somos sus hijos «espirituales». Consúltese también *Adam HaRishón*.

Altruismo: trabajar para la satisfacción del sistema de la creación, independientemente de las necesidades individuales.

Biná: comprensión. En Cabalá, generalmente hace referencia a la consideración de los aspectos de causa y efecto y a la benevolencia. También representa la cualidad de dar, *Jasadim* (misericordia), que es la cualidad del Creador.

Cabalá: ciencia que proporciona un método detallado sobre cómo percibir y experimentar los mundos espirituales que existen más allá de lo que podemos apreciar con los cinco sentidos. *Cabalá* significa «recepción» en hebreo.

Cabalistas: se dice de aquellos que han adquirido sentidos adicionales una vez alcanzada la capacidad de *lekabel* («recibir» en hebreo) el conocimiento superior. El método que ha permitido al hombre trascender los límites de su naturaleza se llama *Cabalá* («recepción» en hebreo), pues le permite conocer la verdadera realidad.

Corrección: consultar *Tikún*.

Cuatro fases de la Luz directa: los cinco primeros niveles, de la raíz (0) al 4, mediante los que el Pensamiento de la Creación creó *Máljut*: la voluntad de recibir y el origen de todas las creaciones.

Doble ocultamiento: el estado que se experimenta cuando no se puede sentir al Creador. Sabemos que existe, pero somos incapaces por completo de sentirlo. Consultar también *ocultamiento simple*.

Egoísmo: trabajar en beneficio propio, sin importar las necesidades del sistema de la creación.

El árbol de la vida: texto principal del Ari (rabino Yitzjak Luria). Este texto aún constituye el eje central de la Cabalá contemporánea. Debido a la importancia de este libro del Ari, el término *árbol de la vida* se ha convertido en sinónimo del término *La sabiduría de la Cabalá*.

El libro del Zohar: escrito hacia el siglo II de nuestra era por el rabino Shimon Bar Yojay y su grupo. Se trata del libro primordial de la Cabalá, que fue ocultado inmediatamente después de ser escrito para volver a ver la luz en el siglo XIII bajo la propiedad del rabí Moshé de León. Quizá por esta razón algunas voces académicas atribuyen su autoría a Moshé de León, a pesar de que el propio rabino de

León afirmara que él no escribió el libro y que su autor es el rabino Shimon Bar Yojay.

Equivalencia de forma: la forma (cualidad) del Creador es el otorgamiento; la forma de la criatura es la recepción. Cuando uno aprende a recibir con intención de otorgar, se considera que ha equiparado su forma con la del Creador. Ahora ambos son dadores.

Fe: la cualidad de otorgamiento; la clara percepción del Creador.

Fe por encima de la razón: colocar la cualidad de otorgamiento por encima de (más importante que) el deseo de recibir placer.

Grado: consúltese *grado espiritual*.

Grado espiritual: capacidad de recibir determinada cantidad (y tipo) de placer con la intención de otorgar al Creador.

125 grados: entre el Creador y la creación existen cinco mundos, con cinco *Partzufim* en cada mundo y, a su vez, cinco *Sefirot* en cada *Partzuf*. Si multiplicamos 5 *Sefirot* x 5 *Partzufim* x 5 mundos, se obtienen 125 grados. Consúltese también *grado espiritual, Sefirot*.

Hamán: uno de los nombres para referirse al deseo de recibir.

Intención: dirección hacia la cual se orienta un deseo: o para uno mismo o para el Creador.

Kli **(vasija):** el sexto sentido; el deseo de recibir con un *Masaj* por encima de él.

Lekabel: «recibir» en hebreo.

Ley de Corrección: estados en los que, en primer lugar, son corregidas las partes más sencillas; a continuación, con ayuda de ellas, se procede a trabajar sobre las partes más complejas.

Libre albedrío: elección tomada sin buscar el beneficio propio. Para tener libre albedrío, uno tiene que estar por encima del propio ego; es decir, en el mundo espiritual.

Luz: placer, la fuerza de otorgamiento que opera y llena toda la realidad.

Luz circundante: la Luz que desea llenar a la creación, así como la Luz que está destinada a transformar el deseo egoísta en altruista.

Masaj **(pantalla):** la capacidad de rechazar la Luz del Creador si no va a ser utilizada con el fin de retribuirle a Él.

Moshé (Moisés): el siguiente gran cabalista después de Abraham y el más grande de los profetas. Escribió la *Torá* (Pentateuco) y enseñó Cabalá a todo aquel dispuesto a escuchar. Moshé es el punto en el corazón en todos nosotros, el deseo por la espiritualidad.

Mordejay (mardoqueo): el deseo de otorgar.

Ocultamiento simple: estado que experimentamos al sentir la existencia del Creador, aunque con la sensación de que lo que proviene de Él es malo. Consúltese también *doble ocultamiento*.

Olam **(mundo):** existen cinco mundos entre el Creador y la creación: *Adam Kadmón, Atzilut, Briá, Yetzirá* y *Asiyá*. *Olam* procede de la palabra *Ha'alamá* (ocultamiento). El nombre del *Olam* designa una medida específica de ocultamiento de la Luz del Creador con respecto a la creación (nosotros).

Otorgamiento: cualidad del Creador de dar sin pensar en Sí mismo. Esta es la cualidad que las criaturas (nosotros) tenemos que adquirir para llegar a ser como Él y descubrirlo.

Pantalla: consúltese *Masaj*.

Partzuf (rostro): un *Partzuf* es una estructura completa de diez *Sefirot* con un *Masaj* que puede determinar qué *Sefirá* recibe Luz y cuál no.

Persona (en este mundo): significa que la voluntad de recibir se encuentra en un estado de ocultamiento del Creador, sin una intención de recibir de Él, ni de darle a Él.

Plegaria: todo deseo es una plegaria; sin embargo la única plegaria que recibe respuesta es el deseo de ser corregidos, de hacernos semejantes al Creador. La plegaria recibe el nombre de «trabajo en el corazón».

Propósito de la creación: la razón por la cual el Creador dio origen a la creación es para que esta pudiera alcanzar el mayor de los placeres: ser como Él. Tal es el propósito de la Creación.

Punto en el corazón: el último grado en la evolución del deseo humano, el deseo de espiritualidad.

Rabino Yitzjak Luria (el Sagrado Ari): gran cabalista que vivió durante el siglo XVI en Israel. Autor de *El árbol de la vida.*

Rabino Shimon Bar Yojay (Rashbi): autor de *El libro del Zohar,* el texto primordial en Cabalá. Rashbi fue estudiante y sucesor del rabino Akiva, el gran cabalista que enseñó «ama a tu prójimo como a ti mismo».

Rabino Yehuda Ashlag: el último gran cabalista (1884-1954). Más conocido como Baal HaSulam (dueño de la escalera) por *El comentario sulam* sobre *El libro del Zohar.*

Raíz del alma: emplazamiento del alma dentro del sistema de *Adam HaRishón.*

Realidad: la parte de la Luz del Creador que una persona puede percibir, según su estructura interna. La realidad siempre es subjetiva.

Reencarnación: una reencarnación es cada vez que damos un paso en el crecimiento espiritual. Si uno se corrige profundamente, puede experimentar muchas vidas en cuestión de minutos.

Reshimot: los recuerdos inconscientes del alma de sus estados pasados.

Santidad: estado exaltado en el que todo lo atribuimos al Creador. Toma de conciencia de que no hay nadie más que Él. Equiparación con Él de nuestros atributos.

Sefirot: las diez cualidades básicas del mundo espiritual. Sus nombres son *Kéter, Jojmá, Biná, Jesed, Guevurá, Tiféret, Nétzaj, Hod, Yesod* y *Máljut.* A veces se dividen en cinco y entonces encontramos a *Kéter, Jojmá, Biná* y *Zeir Anpin,* la cual incluye a *Hesed, Guevurá, Tiféret, Nétzaj, Hod* y *Yesod;* la última *Sefirá* es *Máljut.*

Tetragrámaton: vocablo de origen griego, su traducción literal es «palabra de cuatro letras». Designa el nombre sagrado de Dios. En hebreo es *HaVaYaH (Yud, Hey, Vav, Hey)* o las cuatro fases de la Luz directa.

Torá: los Cinco Libros de Moisés. *Torá* significa «luz», también «instrucción». El texto de la *Torá* contiene las instrucciones para recibir toda la Luz del Creador, siempre y cuando sepamos leerla correctamente. En la actualidad, necesitamos el estudio de la Cabalá para ser capaces de comprenderla de manera adecuada.

Transgresión: cuando nos damos cuenta de que el acto o el deseo con el que intentábamos trabajar para dar al Creador, en realidad, iba dirigido a uno mismo, definimos la acción como una «transgresión».

Tzimtzum **(restricción):** la no recepción de la Luz, a pesar del deseo por ella. Cuando *Máljut* descubre que es opuesta al Creador, su propia vergüenza le obliga a dejar de recibir Su Luz, a pesar de sentir un gran deseo por ella.

Vergüenza: la sensación de *Máljut* de ser opuesta al Creador. Cuando *Máljut* se da cuenta de que sólo recibe y que Él sólo da (a ella), *Máljut* se siente tan avergonzada que deja de recibir y realiza un *Tzimtzum* (restricción).

Yam Suf: el Mar Rojo. *El libro del Zohar* llama al Mar Rojo el «Mar del Final», pues representa la última frontera del ego. Más allá del *Yam Suf*, comienza el mundo espiritual.

Para una lectura adicional

Para ayudar a determinar qué libro leer después, hemos establecido tres categorías: principiantes, intermedio, bueno para todos. Las dos primeras categorías están divididas por el nivel de conocimiento previo que se requiere de los lectores. En la categoría principiantes, no es necesario un conocimiento previo. La categoría intermedio requiere del lector haber leído primero uno o dos libros para principiantes. La tercera categoría, bueno para todos, incluye libros que siempre se pueden disfrutar, sin importar si la persona es totalmente novata o si tiene amplios conocimientos sobre Cabalá.

En el sitio www.kabbalah.info/es pueden encontrarse textos de estudio adicionales ya traducidos, pero que aún no han sido publicados. Además, podrán descargarse ensayos y artículos procedentes de fuentes auténticas, como el Ari, el rabí Yehuda Ashlag (Baal Ha-Sulam) y su hijo y sucesor, el rabí Baruj Ashlag (el Rabash). En este sitio, el acceso a todos los materiales es completamente gratuito.

Principiantes

Cabalá para no iniciados (Random House Mondadori-Grijalbo, México)

La Cabalá es mucho más que una frívola moda de las estrellas de Hollywood o que llevar un brazalete rojo. Su pensamiento nos impulsa a mirar más allá de lo tangible para dar propósito y sentido a nuestras vidas en busca de la iluminación.

Cabalá para no iniciados es un libro que ofrece precisamente eso: cómo adaptar esta filosofía antigua a nuestra vida moderna y hacerla parte de la cotidianidad. En él, se encontrará:

- Mitos y realidades en torno a la Cabalá.
- Una guía clara para aprender a leer la Biblia o *Torá* desde este punto de vista.
- Consejos prácticos para incorporar su esencia a nuestra vida diaria.
- La historia de la creación según sus enseñanzas.

El lector está a punto de iniciar un viaje por el tiempo, de más de seis mil años de antigüedad y a través de los cinco mundos espirituales. Así aprenderá la esencia y el propósito de su vida, y descubrirá cómo sus deseos afectan el mundo que le rodea. Descubrirá estas y muchas otras razones que han hecho que esta milenaria ciencia se encuentre cada día más vigente.

Cabalá para aprendices: principios básicos para una vida plena (Grupo Editorial Norma, Chile)

Cabalá para aprendices es un libro para todo aquel que esté buscando respuestas a las preguntas esenciales de la vida, tales como «¿para qué venimos a este mundo?», «¿por qué experimentamos placer y dolor?» y «¿por qué los seres humanos somos como somos?»

En este libro, el lector encontrará un método claro y fiable para comprender los fenómenos de este mundo. Además, ayudará a quienes buscan la verdad espiritual a dar el primer paso hacia la compresión de las raíces del comportamiento humano y de las leyes de la naturaleza.

En estas páginas, se encuentran los principios fundamentales de la sabiduría de la Cabalá, acompañados por una clara descripción de su funcionamiento.

La Cabalá es un método sumamente acertado, sistemático y probado a través del tiempo, que nos ayuda a estudiar y definir nuestro lugar en el universo. Esta sabiduría nos explica por qué existimos, de dónde venimos, por qué nacemos, para qué vivimos y adónde vamos cuando dejamos nuestra vida en este mundo.

Cabalá para principiantes (Ediciones Obelisco, España)

La sabiduría de la Cábala es un método antiguo y experimentado, mediante el cual el ser humano puede recibir una conciencia superior, alcanzando la espiritualidad. Si alguien siente un deseo y un anhelo de espiritualidad, podrá encauzarlo por medio de la sabiduría de la Cábala, otorgada por el Creador.

La Cábala enseña un método práctico para aprender a conectar con el mundo superior y la fuente de nuestra existencia mientras estamos en este mundo.

El hombre alcanza así la perfección, toma las riendas de su vida y trasciende los límites del tiempo y del espacio, llenando de sentido su vida y alcanzando la serenidad y el gozo infinito desde este mundo.

Intermedio

Torre de Babel - Último piso; Israel y el futuro de la humanidad (Laitman Publishers)

En estos días, estamos siendo testigos de un proceso que se inició miles de años atrás y que ha estado diseñando nuestra historia y determinando los eventos de nuestras vidas desde esa fecha en adelante.

En el pasado, la humanidad se centró en Mesopotamia, alrededor de la antigua Babilonia. Después, hubo un estallido del egoísmo y las personas se alejaron, se dividieron. Esa también fue la época en que la Cabalá fue revelada.

Pero cuando los cabalistas llegaron a la conclusión de que el mundo todavía no estaba listo para recibir esta sabiduría, se vieron obligados a ocultarla. Ellos la han estado guardando para la época en que la humanidad necesitara cambiar su corazón.

Actualmente, en los albores del siglo XXI, finalmente estamos listos. Miles de años de evolución no nos han hecho más felices, y es dentro de esta confusión e inseguridad que la Cabalá puede surgir y prosperar ofreciendo una nueva solución.

Buenos para todos

Cabalá: alcanzando los Mundos Superiores (Grupo Planeta Chile-Sudamérica)

Una meta importante en el estudio de la Cabalá es utilizar este conocimiento para influir en el destino de cada uno de nosotros. El proceso implica darnos cuenta del verdadero propósito de estar aquí, descubriendo el significado de la vida y la razón por la cual esta se nos ha otorgado.

Alcanzando los Mundos Superiores es una magnífica introducción a la sabiduría de la Cabalá, un primer paso hacia el descubrimiento del máximo logro del ascenso espiritual. Este libro llega a todos aquellos que buscan respuestas y para quienes tratan de encontrar una manera lógica y confiable de entender los fenómenos mundiales. Brinda una nueva clase de conciencia que ilumina la mente, da vitalidad al corazón y lleva al lector a las profundidades de su alma.

El poder de la Cabalá (Grupo Planeta España)

Hoy en día, mucha gente se siente sin rumbo en la vida ante las promesas incumplidas de riqueza, salud y felicidad que se suponía traerían el desarrollo tecnológico y científico. Muy pocos logran todo eso, e incluso ni siquiera pueden afirmar que tendrán lo mismo mañana. Pero el beneficio de este estado es que nos está forzando a reexaminar nuestra dirección y preguntarnos: «¿Es posible que estemos en un camino equivocado?».

El poder de la Cábala es un manual de instrucciones para la vida, un método para comprender y vivir en armonía con las leyes del universo.

El rabí doctor Michael Laitman nos brinda un nuevo prisma a través del cual contemplar y entender el universo para sentirnos en equilibrio, paz y plenitud.

Es el mismo libro *Alcanzando los Mundos Superiores* con una presentación diferente, de acuerdo al país de publicación.

La voz de la Cabalá (Laitman Publishers)

En nuestra época, hay una sensación general de que «todo el mundo estudia Cabalá». Sin embargo, la sabiduría de la Cabalá no es una moda pasajera, sino un método ancestral que pertenece a la cima del pensamiento humano; una sabiduría que abarca todo lo que requiere el ser humano, para lidiar con los grandes desafíos que enfrenta.

El libro *La voz de la Cabalá* es una selección y recopilación de los principales artículos de Cabalá publicados en nuestro periódico en español, clasificados en 10 capítulos que constituyen un mosaico rico y completo de esta sabiduría milenaria, para todo aquel que esté realizando sus primeros pasos en este camino. Aborda temas como: *el Zohar*, el libre albedrío, la mujer y la espiritualidad, Cabalá y ciencia, entre otros.

Tu propósito en la vida (Grupo Planeta México)

La Cabalá es una sabiduría ancestral, con 5.000 años de antigüedad, que se remonta a la antigua Mesopotamia. Detalla cómo están conformados los mundos, incluyendo el nuestro, y las fuerzas que actúan sobre nosotros.

Escrituras del siglo pasado explican que somos la primera generación capaz de usar la Cabalá en nuestro mundo, el mundo material infinito.

Tu propósito en la vida es una versión más corta, pero no menos profunda, del libro *Alcanzando los Mundos Superiores* para quienes deseen realizar una lectura sintetizada de este libro, el cual permite al lector progresar en la comprensión de esta sabiduría y utilizar dicho conocimiento de forma apropiada, elevando la mirada por encima del horizonte del universo material.

Rescate de la crisis mundial: una guía práctica para emerger fortalecidos (Laitman Publishers)

Los antecedentes del doctor Michael Laitman lo colocan en una posición única, para ofrecer un panorama vasto y esperanzador sobre la actual crisis mundial. El doctor Laitman brinda una perspectiva real y acertada, basada en sus ámbitos de especialización como profesor de Ontología, doctor en Filosofía y Cabalá, con Maestría en Biocibernética médica, para dar respuesta a los descomunales retos que estamos enfrentando hoy día.

En este libro, el doctor Laitman introduce conceptos fascinantes, que se entrelazan en una solución profunda y global para hacer frente a estos problemas:

- La crisis, en esencia, no es financiera, sino psicológica: hemos perdido toda confianza los unos en los otros, y donde no hay confianza, no hay comercio; sólo aislamiento y parálisis.

- Esta enajenación es el resultado de un proceso natural, que se ha venido desarrollando durante milenios y que es hoy cuando llega a su culminación.

Acerca de Bnei Baruj

Bnei Baruj es un grupo de cabalistas en Israel que busca compartir la sabiduría de la Cabalá con todo el mundo. Cuenta con materiales de estudio basados en textos cabalísticos auténticos, que se han ido transmitiendo de generación en generación. En la actualidad, estos recursos didácticos se encuentran disponibles en más de 30 idiomas.

Historia y orígenes

En 1991, tras el fallecimiento de su maestro, el Rabash, Michael Laitman estableció un grupo de estudios de Cabalá llamado «Bnei Baruj». Laitman fue el alumno aventajado y el asistente personal del Rabash, siendo reconocido como el sucesor de su método de enseñanza.

El Rabash fue el hijo primogénito y sucesor de Baal HaSulam (1884-1954), el cabalista más grande del siglo XX. Baal HaSulam es el autor del comentario más amplio y autorizado sobre *El libro del Zohar*, titulado *El comentario Sulam* (escalera). Este gran cabalista fue el primero en revelar el método completo para alcanzar la elevación espiritual.

En la actualidad, Bnei Baruj basa todo su método de estudio en el camino que nos prepararon estos dos grandes maestros espirituales.

Método de estudio

El método de estudio único desarrollado por Baal HaSulam y su hijo, el Rabash, es el que se imparte y se sigue a diario en Bnei Baruj. Este método está basado en fuentes cabalísticas auténticas como son *El libro del Zohar*, del rabí Shimon Bar Yojay; *El árbol de la vida*, del Ari y *El estudio de las diez Sefirot*, de Baal HaSulam.

A pesar de que el estudio está basado en estas fuentes cabalísticas auténticas, este se lleva a cabo empleando un lenguaje sencillo y común, todo ello desde una perspectiva contemporánea y científica. El desarrollo de esta metodología ha hecho que Bnei Baruj sea una organización respetada a escala internacional.

Esta combinación única de un método de estudio académico, junto a la propia experiencia personal, expande la perspectiva del estudiante y le otorga una nueva percepción de la realidad en la que vive. A aquellos que siguen el camino espiritual, se les proporcionan las herramientas necesarias para que se estudien tanto a sí mismos, como a la realidad que les rodea.

El mensaje

Bnei Baruj es un colectivo diverso con alrededor de dos millones de estudiantes en todo el mundo. La esencia del mensaje que difunde Bnei Baruj es de carácter universal: la unidad entre personas y naciones, así como el amor al ser humano.

Durante miles de años, los cabalistas han estado enseñando que el amor hacia el hombre debe constituir la base de toda relación humana. Este sentimiento reinaba en los tiempos de Abraham y en el grupo de cabalistas que él estableció. Si recuperamos estos valores ancestrales, aunque contemporáneos, descubriremos en nosotros la capacidad de olvidarnos de nuestras diferencias y unirnos.

La sabiduría de la Cabalá, oculta durante miles de años, ha estado esperando el momento en que la humanidad estuviera lo suficientemente desarrollada y preparada para poner en práctica el mensaje que encierra. En la actualidad, está resurgiendo como una solución capaz de unir diferentes grupos y facciones en todas partes, permitiéndonos, como individuos y como sociedad, enfrentarnos a los retos que nos presenta la vida hoy.

Actividades

Bnei Baruj ofrece toda una variedad de formas para que las personas puedan explorar su vida y la naturaleza, brindando una cuidadosa orientación tanto a los alumnos principiantes, como a los avanzados.

Televisión

Bnei Baruj ha creado una productora, ARI Films (www.arifilms.tv), especializada en la realización de programas educativos de televisión por todo el mundo y en diversos idiomas.

En Israel, Bnei Baruj tiene su propio canal de televisión por cable y vía satélite 24 horas al día. Todas las emisiones de dicho canal son gratuitas. Y los programas están adaptados a todos los niveles, con emisiones dirigidas tanto a los principiantes, como a los estudiantes avanzados.

Internet

El sitio web de Bnei Baruj, www.kab.info, presenta la auténtica sabiduría de la Cabalá a través de ensayos, libros y textos originales. Es la fuente de difusión de auténtico material cabalístico con más repercusión en la red, albergando una exclusiva y extensa biblioteca para todo aquel que desee explorar a fondo las fuentes de la sabiduría de la Cabalá.

El Centro de Estudios en línea de Bnei Baruj (*Learning Center*) ofrece cursos gratuitos de Cabalá para principiantes, brindando a los estudiantes una formación sobre esta extensa sabiduría desde la comodidad de sus hogares.

El canal de televisión de Bnei Baruj retransmite vía internet en www.kab.tv/spa ofreciendo, entre otros programas, las clases diarias del profesor Laitman, complementadas con textos y gráficos.

Todos estos servicios se proporcionan de manera gratuita.

Periódico

Kabbalah Today es un periódico gratuito, que se publica y difunde mensualmente por Bnei Baruj en varios idiomas, incluyendo inglés, hebreo, español y ruso. Su contenido es apolítico, no comercial, y escrito con un estilo claro y contemporáneo. El propósito de *Kabbalah Today* es exponer al público en general el vasto conocimiento oculto en la sabiduría de la Cabalá, sin costo alguno, en un formato y estilo atractivos para los lectores en cualquier parte del mundo.

La versión en inglés de *Kabbalah Today* se puede adquirir en las principales ciudades de Estados Unidos, así como en Canadá, Inglaterra, Sydney y Australia. También se encuentra disponible en internet, en www.kabtoday.com. El periódico en español, *Cabalá Hoy*, se distribuye en América Latina, España y entre la comunidad hispana de Estados Unidos.

Libros

Bnei Baruj publica libros de Cabalá auténtica. Estos son esenciales para un entendimiento óptimo de esta sabiduría, explicada día a día en las lecciones del profesor Laitman.

Los libros del doctor Laitman están escritos en un estilo contemporáneo y sencillo, basándose en los conceptos de Baal HaSulam. Constituyen un eslabón esencial entre el lector contemporáneo y los textos originales. En www.kabbalahbooks.info están a la venta todos los libros, además de estar disponibles para su descarga gratuita.

Clases de Cabalá

Como han hecho los cabalistas durante cientos de años, el Rav Michael Laitman imparte una lección diaria en el Centro de Bnei Baruj Israel entre las 03:00 y las 06:00 de la mañana (hora de Israel). Las lecciones son en hebreo con traducción simultánea a siete idiomas: inglés, ruso, español, francés, alemán, italiano y turco. Estas clases en directo, retransmitidas en el sitio wwwkab.tv/spa, llegan de manera gratuita a miles de estudiantes por todo el mundo.

Financiación

Bnei Baruj es una organización sin ánimo de lucro, dedicada a la enseñanza y a la difusión de la sabiduría de la Cabalá. Para mantener su independencia y pureza de intenciones, Bnei Baruj no recibe financiación ni apoyo ni se encuentra vinculada a ninguna organización política o gubernamental.

Dado que la mayor parte de sus actividades se proporcionan al público sin coste alguno, la fuente principal de financiación para las actividades del grupo son las donaciones y el diezmo —al que contribuyen los estudiantes de manera voluntaria— así como los libros del doctor Laitman, que son puestos a la venta a precio de coste.

Información de contacto

Centro de Estudios de Cabalá Bnei Baruj (*Learning Center*)
http://www.kabbalahlearningcenter.info/es/
estudios@kabbalahlearningcenter.info

Sitios web
www.kabbalah.info/es
www.kab.tv/spa
www.laitman.es
www.kabbalahmedia.info
www.kabbalahbooks.info

Bnei Baruj (Instituto de Educación e Investigación de la Cabalá)
spanish@kabbalah.info

Israel
P.O.Box 1552
Ramat Gan 52115, Israel
Teléfono: +972-3-9226723
Fax: +972-3-9226741

Norteamérica
1057 Steeles Avenue West, Suite 532
Toronto, ON M2R3X1
Canadá
1(866) Laitman
info@kabbalahbooks.info

Otros títulos

EN *Progreso*

"AHORA EMPIEZA LO MEJOR... SI SABES CÓMO CUIDARTE"

LA FÓRMULA ALMODÓVAR

**LOS 10 SUPLEMENTOS
NUTRICIONALES
IMPRESCINDIBLES
A PARTIR DE LOS 40**

2ª
EDICIÓN

MIGUEL ÁNGEL
ALMODÓVAR

10+
>40

nowtilus

La fórmula Almodóvar

Alrededor de los cuarenta años, empiezan a disminuir nuestras capacidades físicas, el rendimiento intelectual y sexual, el buen humor y las expectativas vitales. A todo ello hay que ponerle freno de manera firme y decidida, suministrando al organismo una decena de sustancias esenciales y sin indeseables efectos secundarios, que contribuirán decisivamente a incrementar la potencia vital, y a recuperar la ilusión juvenil y la alegría de vivir. *La fórmula Almodóvar* contiene 10 suplementos fundamentales, como L-Carnitina, Omega-3 o coenzima Q-10. Miguel Ángel Almodóvar nos descubre las propiedades y dosis recomendadas de cada uno de estos 10 suplementos y sus indicaciones contra el envejecimiento, para mejorar la memoria y las habilidades cognitivas, adelgazar saludablemente, prevenir y combatir catarros y gripes, contra los estados de ansiedad, para bajar el colesterol, prevenir y tratar la hipertensión o bajar la tensión arterial alta, etc.

Autor: Miguel Ángel Almodóvar
Formato: 17 x 22,5 cm
Páginas: 224
Encuadernación: rústica con solapas
Edición: 2ª
ISBN: 978-84-9763-528-8
P.V.P.: 16,95€

INCLUYE CD
con 77 minutos de sesiones
prácticas grabadas por el autor

2.a
EDICIÓN

HORACIO RUIZ

Prologado por Andrés Aberasturi

DE LAS TÉCNICAS BÁSICAS
A LA REGRESIÓN

GUÍA PRÁCTICA DE
HIPNOSIS

nowtilus

EN *Progreso*

Guía práctica de hipnosis

La hipnosis puede ayudarle. Descubra lo fácil que es con la ayuda de esta *Guía práctica de hipnosis* y de su autor, el hipnoterapeuta Horacio Ruiz. Dejar de fumar, relajarse, vencer los miedos, son sólo algunas de las útiles ayudas que pueden ofrecer estas técnicas. Sólo tiene que saber cómo. Descubra con este libro todo lo que hay que saber sobre la hipnosis, deseche mitos y prejuicios y practique los sencillos ejercicios que le propone Horacio Ruiz para sentirse mejor y desarrollar su personalidad. Además si desea una clase práctica, la *Guía práctica de hipnosis* dispone de un CD audio de 77 minutos de ejercicios grabados por el autor.

Autor: Horacio Ruiz
Formato: 17 x 22,5 cm
Páginas: 240
Encuadernación: rústica con solapas
Edición: 2ª
ISBN: 978-84-9763-301-7
P.V.P.: 18,95€

WALLACE D. WATTLES

la

CIENCIA

de

HACERSE

RICO

Cómo atraer el éxito y ganar dinero

nowtilus

en Progreso

La ciencia de hacerse rico

Una guía práctica para conseguir el éxito y la prosperidad en la vida mediante un cambio de actitud y un desarrollo personal. El libro que transformó radicalmente la vida de Rhonda Byrne y que la inspiró para su best-seller *El secreto*. Las claves para lograr la vida de prosperidad que siempre hemos soñado.

Autor: Wallace D. Wattles
Formato: 13,5 x 21 cm
Páginas: 128
Encuadernación: rústica con solapas
Edición: 1ª
ISBN: 978-84-9763-311-6
P.V.P.: 8,95€

18382333R00139

Made in the USA
Lexington, KY
31 October 2012